KB097766

기적의
암기법

쉽게 외우고 오래 기억하는

기적의
암기법

정계원(대한민국 최초 국제 기억력 마스터) 지음

유노
북스

《기적의 암기법》을 먼저 만난 사람들

시험이나 면접을 앞둔 친구들에게 추천해 주고 싶습니다. 학교 다닐 때나 면접 보러 다닐 때 장문의 글을 외우는 게 어려웠습니다. 그런데 기억의 궁전법을 이용했더니 시 한 편은 금세 외울 수 있게 됐습니다.

권귀현(직장인, 27)

미팅이나 동호회 등 사람을 만날 일이 종종 있어서 얼굴과 이름 기억하는 방법이 궁 금했다. 이 책에 나온 방법이야말로 가장 기발하고 확실한 암기법이 아닐까?

김설아(마케터, 29)

평소에 나름 기억력이 좋다고 자부했지만 암기할 게 많은 시험을 공부할 때 버거움 을 느끼기 일쑤였습니다. 이 책은 생각의 한계를 깨고 기억의 공간을 넓히는 법을 가르 쳐 주었고, 이전에 무작정 외워서 희미해진 정보도 다시는 잊지 않을 것 같습니다.

김은교(취업 준비생, 26)

기억의 궁전 암기법은 암기 시간을 최소화할 수 있는 가장 탁월한 방법이라고 생각 합니다. 단순히 암기 방법만 알려 주는 게 아니라 영단어나 실생활 공부에 어떻게 적용 하는지를 알려 줘서 적용하기가 수월했습니다.

김민영(직장인, 29)

평소 사람의 얼굴과 이름을 매치시키는 게 어려웠는데 재미있고 참신해서 실생활에 적용하기 좋아 보입니다. 저 같은 사람들의 사회생활에 적지 않은 도움을 줄 것 같습니다.

이진경(직장인, 26)

한국사를 공부하면서 가장 큰 어려움 중 하나는 많은 양의 내용을 정해진 순서에 맞춰 암기해야 한다는 것입니다. 기적의 암기법은 이런 공부에 더욱 효과적인 암기 방법입니다.

유재민(대학원생, 30)

기억의 궁전 방법으로 나에게 익숙한 공간에 새로운 정보들을 연결해서 저장하니 정확하면서도 오래 기억할 수 있었다. 일단 한번 만들어 두고 익숙해진다면 기억력에 엄청난 도움이 될 것임이 분명하다.

이유정(대학원생, 32)

더욱더 짧은 시간에 효과적으로 외워지는 암기법이다.

김소은(대학생, 25)

암기 위주의 공부를 했던 중고등학교 때를 생각해 보면 연상을 통해서 단어를 외웠다. 그때 사용했던 연상법보다 기억의 궁전법을 활용해 보니 좀 더 빠르게 외워지는 것을 알 수 있었다.

윤소연(대학생, 25)

쉽고 재미있어야
기억에 남는다

어느덧 세계 기억력 대회에서 국제 기억력 마스터 타이틀을 얻은 지 4년이 흘렀다. 그동안 기억력스포츠 불모지였던 한국에서 총 8번의 기억력 대회를 개최하고 기억력 모임을 운영하면서 올바른 암기법과 기억력스포츠 문화를 알리기 위해 열심히 뛰어다녔다.

나의 이런 활동이 세상에 조금씩 알려지면서 많은 사람이 기억력스포츠협회를 찾아 주었다. 그 덕분에 어린아이, 어르신, 초등학생, 직장인, 주부 등 다양한 사람을 대상으로 수백 시간의 기억력 강의를 진행할 수 있었다.

매 강의마다 내가 강조하는 말이 있다.

"장면으로 상상하세요."

다양한 정보를 연결하여 시각적인 장면을 떠올리는 것이 기적의 암기법의 핵심이다. 많은 사람이 외우기 위해 무작정 읽고 쓰기를 반복한다. 당장은 외워질지 몰라도 결국 얼마 못 가 머릿속에서 증발되는 경험을 다들 해 봤을 것이다. 일반적으로 영상이나 그림이 글보다 기억에 더 오래 남는다. 우리가 문장이 아니라 장면을 떠올려야 하는 이유다.

역설적이게도 시중에 나온 대부분의 암기법 책은 글로만 쓰인 경우가 많다. 이 때문에 독자는 같은 문장을 읽어도 각자 다른 상상을 한다. 저자가 말한 장면이 도대체 어떻게 생겼는지, 내가 제대로 이해한 게 맞는지 알고 싶어도 확인할 방법이 없다는 문제가 생긴다.

강의를 할 때도 마찬가지다. 수강생에게 내 머릿속에서 일어나는 암기 과정을 그대로 전달하려면 아주 자세한 묘사가 필요하다. 더구나 아무리 자세히 설명해도 한계가 있기 마련이다. 감을 잡지 못하는 사람들에게는 내 머리를 꺼내서 보여 주고 싶다는 생각을 하기도 했다.

'머리를 꺼낼 수는 없지만 머릿속에서 일어나는 일을 그대로 기록하면 어떨까?'

때마침 그림으로 암기법을 연습하는 책을 만들 수 있는 기회가 생겼다. 이 제안을 처음 받았을 때 많은 사람이 느끼던 갈증을 해소할 수 있겠다는 생각이 들었다.

다양한 사례를 넉넉히 담아 기억력 마스터의 생각을 생생하게 엿볼 수 있도록 했다. 또한 예제마다 참고할 수 있는 구체적인 해답을 담았다. 무책임하게 '한번 열심히 해 보세요'로 끝내기보다 '저는 이렇게 기억하니까 참고하세요'의 느낌을 공유하고 싶었다.

이 책은 총 3단계로 구성되었다. 1단계는 암기법의 가장 기본적인 원리를 소개한다. 2단계는 일상생활에 유용하게 쓸 수 있는 실용적인 사례를 담았다. 3단계는 기적의 암기법을 여러 가지 학습과 시험공부에 어떻게 응용할 수 있는지를 보여 준다.

나는 강의나 다른 책에서 '암기'라는 단어의 부정적 뉘앙스를 경계하여 되도록 '기억법'이라는 표현을 사용해 왔다. 하지만 대중에게 좀 더 폭넓게 읽히면 좋겠다는 마음으로 이번 책에서는 '암기법'이라는 용어를 혼용했다.

암기법을 처음 접하는 사람도 쉽게 이해할 수 있고 기억력스포츠 경험자도 새로운 자극을 얻도록 사례를 다양하게 넣고자 했다. 또한 읽으면 바로 이해할 수 있는 쉽고 간단한 표현을 사용했다.

이만큼 부담 없이 빠르게 읽을 수 있는 책이지만 예제만큼은 시간을 충분히 갖고 답을 고민해 보기를 권한다. 이 책에 실린 해답은 기억력 마스터인 필자의 생각을 표현한 그림일 뿐 정답이라 할 수는 없다. 이 점을 참고해서 자신만의 해답을 가질 수 있길 바란다.

여러 번 반복하다 보면 처음보다 사고가 확장된 자신을 발견할 수 있을 것이다. 아무리 되뇌도 외워지지 않던 정보들이 잠깐 생각하는 것만으로 머릿속에 쏙쏙 각인되는 기적 같은 일이 일어날지도 모른다.

이 책이 출간되기까지 애써 주신 유노북스와 나의 머릿속을 그림으로 멋지게 옮겨 주신 삽화가께 감사의 마음을 전한다.

항상 나의 엉뚱한 생각에 맞장구치느라 힘들었을 기억력스포츠협회 임직원과 영감의 원천이 되는 회원들께도 감사의 말씀을 전한다. 사랑하는 부모님과 친구들에게 항상 응원해 줘서 고맙다는 말을 전한다. 많은 분의 도움으로 작업을 무사히 마칠 수 있었다. 부디 이 책이 암기로 고통받는 사람들에게 도움이 되길 바란다.

정계원

1단계

원리: 점과 선으로 시작하는 기적의 암기법

암기법의 기본 원리를 습득한다. 점과 선으로 무의미한 정보를 유의미한 정보로 바꾸는 '연결'과 많은 정보를 순서대로 머릿속에 저장할 수 있는 '기억의 궁전'을 소개한다.

1장

장면으로 떠올리고 연결하라

기억의 원리는 '연결'에 있다

기억은 매우 복잡하게 형성되고 연결돼 있다. 우리는 정보를 기억할 당시의 주변 환경, 느꼈던 감정, 논리, 배경지식 등 수많은 정보의 영향을 받는다. 어떤 노래를 들으면 10년 전 추억이 떠오른다. 공부를 하다 보면 학교에서 선생님이 하셨던 농담이 생각나기도 하고, 오랜만에 만난 친구와 수다를 떨다 보면 꼬리에 꼬리를 물고 오래전 기억이 떠오르기도 한다.

기억은 시간이 흘러 변하고 같은 정보도 사람과 상황에 따라 전혀 다르게 기억될 수 있다. 이처럼 부정확하고 변덕이 심한 녀석을 어떻게 해야 잘 다룰 수 있을까? 인간의 기억력에는 변하지 않는 속성 한 가지가 있다. 바로 연결이 튼튼한 정보일수록 잘 떠오른다는 사실이다. 내가 잘 아는 정보일수록, 주어진 정보끼리 밀접한 관련이 있을수록 끈끈하게 연결되고 서로의 단서가 된다.

암기는 바로 이 '연결'을 강하게 만드는 것부터 시작한다. 내가 외우고 싶은 정보를 나에게 친숙한 정보와 연결할 수 있다면, 연결의 강도를 조절할 수 있다면 어떨까? 나의 머릿속에 오래 남을 수 있는 방식으로 기억을 편집하고 저장할 수 있지 않을까? 사람의 기억이 불완전하다는 사실을 역으로 이용하면 정보를 암기할 확률을 높일 수 있다. 이제부터 우리의 두뇌가 어떤 방식의 연결을 좋아하는지 알아보자.

하나의 점이 있다.

다른 하나의 점이 있다.

이 두 점을 연결한다.

두 점이 가까울수록

두 점을 잇는 선이 튼튼할수록

점이 선명할수록

강하게 연결된다.

기억법의 원리도 이와 같다.

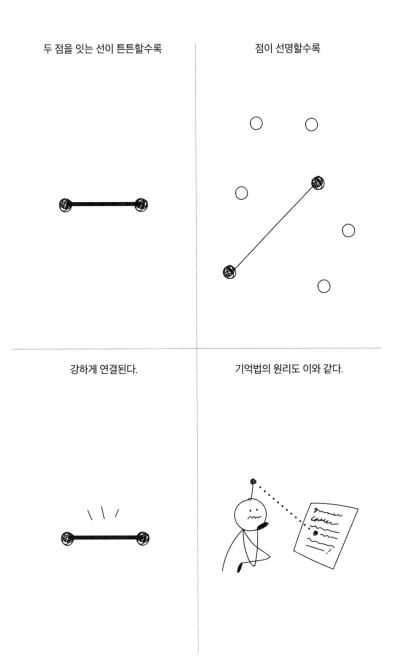

두 가지 정보가 있다.

어떻게 연결할까?

① 문장 만들기

② 장면 떠올리기

우산을 들고 커피를 마신다.

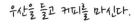

우산 ----------- 커피

우산 ———————— 커피

글보다 그림이나 영상이
기억에 오래 남는다.

문장보다 장면을 떠올려 보자.

"우산을 들고 커피를 마신다."

장면 연결이 더 강하니까!

어떤 연결이 더 튼튼할까?

문장   장면

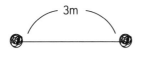

가깝게 연결될수록 잘 기억한다.

아무리 장면을 떠올려도

정보가 멀리 있다면 연결이 약하다.

| 우산 | → | ? |

또, 장면이 간결할수록 연결이 튼튼하다.

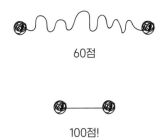

60점

100점!

가깝게 만들어 볼까?

쏟아지는 커피를 우산으로 막기

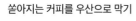

두 정보가 서로 영향을 주고받아
밀접해지면

커피

우산

떠올리기 쉽다.

커피

우산

| 우산 | → | 커피 |

주어진 정보에서 연상하기 쉬운 이미지로 변환해 보세요.

① 정수기 토마토	② 베개 코끼리
③ 테이프 비타민	④ 양말 나무

해답

① 정수기 토마토

② 베개 코끼리

③ 테이프 비타민

④ 양말 나무

◎ 기억력 마스터의 특별 TIP

연결을 할 때 장면을 떠올리지 않고 자신도 모르게 문장을 만드는 사람들이 있다. 문장으로도 떠올리는 데 문제가 없기 때문이다. 하지만 정보의 양이 많아지면 속도와 정확성에서 어려움이 생긴다.

굳이 문장을 만들어 외우고 싶다면 적어도 '~하는 모습'으로 정의할 수 있어야 한다. 예를 들어 '코끼리는 베개를 좋아한다'는 문장은 장면이 눈앞에 바로 그려지지 않는다. 반면 '코끼리가 베개를 좋아해서 코를 비비는 모습'은 바로 상상할 수 있다.

연결이 너무 복잡한 건 아닌지 살펴보는 것도 중요하다. 어떤 사람은 상상에 너무 몰입한 나머지 흡사 한 편의 단편 소설처럼 거창한 상황을 연출한다. 연결이 복잡하면 오히려 암기를 방해할 수도 있다. 핵심 정보에 집중할 수 없기 때문이다.

간결하면서 강하게 연결하는 것이 중요하다. 어렵게 느껴진다면 한 컷의 그림 혹은 5초 정도의 짧은 영상을 만든다고 생각해 보자. 점점 익숙해질 것이다.

2장

장면을 더 확실히 기억하는 2가지 방법

나에게 맞는 연결 방식을 찾아라

삼행시를 지을 때 같은 단어라도 각자 다른 문장을 떠올린다. 정보를 연결하는 방식도 삼행시처럼 따로 정답이 있지는 않다. '나에게 가장 잘 떠오르는 연결'이 정답이라고 할 수 있다. 그 어떤 엉뚱한 상상도 좋다. 머릿속 세상에서 불가능이란 없으니 혼자서 킥킥대며 웃을 수 있는 비현실적이고 재밌는 장면을 떠올려 보자.

가장 대표적인 연결 방식은 '서로 영향을 주고받는 장면'을 떠올리는 것이다. A와 B라는 정보가 있다. 이 두 가지 정보가 서로 밀접한 영향을 주고받을수록 암기가 쉽다. A가 B를 번쩍 들어 올린다거나, 꿀밤을 먹인다거나, 목마를 태운다거나, 포옹을 한다거나, 서로 춤을 춘다거나 하는 식이다.

또 다른 방식은 '두 정보를 하나로 합치는 것'이다. 하나가 될 수 없을 것 같은 정보도 각 정보의 특성에 주목하면 참신한 장면을 떠올릴 수 있다. A가 B의 특징을 갖게 됐다고 생각해 보자. 휴대폰과 초콜릿을 합쳐야 한다면 통화를 할 때 휴대폰이 초콜릿처럼 녹아내린다거나 휴대폰 모양의 초콜릿을 상상할 수 있다.

반드시 이 두 가지 방식만 사용할 필요는 없다. 그렇지만 처음에는 연결이 어려울 수 있으니 이 과정이 익숙해지도록 연습하면 암기에 큰 도움이 될 것이다.

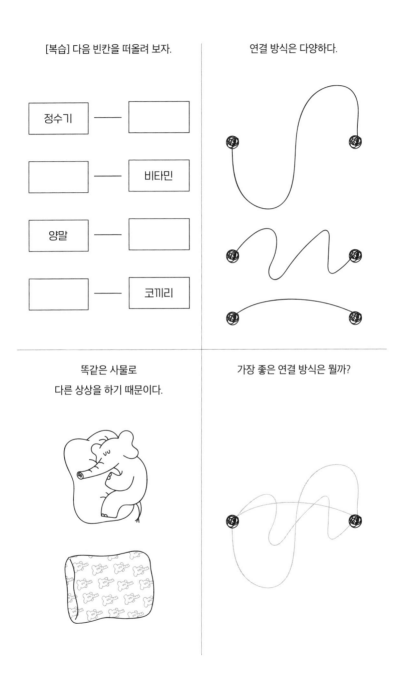

[복습] 다음 빈칸을 떠올려 보자.

정수기 ——

—— 비타민

양말 ——

—— 코끼리

연결 방식은 다양하다.

똑같은 사물로
다른 상상을 하기 때문이다.

가장 좋은 연결 방식은 뭘까?

사람마다 다르다.

코끼리 베개

베고 자는 코끼리

코끼리 베개
먹기

나에게 잘 떠오르면 그게 정답이다.

단, 주의할 점이 있다.

고정관념에 갇히지 말자.

꿈을 꾼다면

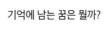
기억에 남는 꿈은 뭘까?

① 하늘을 나는 꿈

② 거인이 된 꿈

③ 촉감이 생생한 꿈

④ 남에게 말 못 할 비밀스러운 꿈

꿈에서 불가능은 없다.

두 가지 연결 방식만 기억하자.

시속 80km 달팽이

① 영향을 주고받기

노트북

소시지

노트북 화면에 소시지 띄우기

노트북에 소시지 끼우기

노트북으로 소시지 내려치기

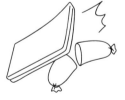

② 무조건 합치기

노트북으로 만든 노트북

(먹을 수 있는 노트북!)

노트북 + 소시지

노트북처럼 접고 펴는 폴더블 소시지

연결이 어려울 땐 두 가지만 기억하자.

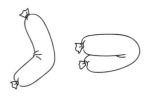

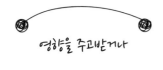

영향을 주고받거나

하나로 합치거나

예제 1 두 정보를 가지고 재미있는 장면을 상상해 봅시다.

① 보석 의자

② 볼펜 전구

예제 2 두 정보를 하나로 합쳐서 재미있는 장면을 상상해 봅시다.

① 보석 의자

② 볼펜 전구

해답 1

① 보석 의자

② 볼펜 전구

해답 2

① 보석 의자

② 볼펜 전구

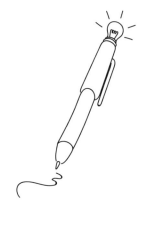

◎ 기억력 마스터의 특별 TIP

우리 주위에 있는 물건을 가만히 들여다보면 다른 제품에서 가져온 기능이나 디자인이 숨어 있다는 점을 발견할 수 있다. 창의적인 생각은 멀리 있지 않다. 수많은 물건 사이에서 연결할 수 있는 요소를 찾아낼 때 누구도 생각하지 못한 발명품이 나올 수 있다.

창의적이라고 알려진 결과물들은 겉보기에 관련이 없어 보이는 분야들을 잘 결합해서 탄생한 경우가 많다. 새로운 콘텐츠, 비즈니스 모델, 건축 디자인, 요리 등 거의 모든 분야에서 그렇다.

둘을 하나로 합치는 연결 방식도 이와 비슷하다. 다만 처음에는 익숙하지 않기 때문에 영향을 주고받는 방식보다 느릴 수 있다. 우선 두 가지 방법을 의식적으로 적용해 연습해 보자. 시간이 지나면 자연스럽게 적절한 방법을 적용하는 자신을 발견할 수 있을 것이다.

3장

감각과 감정은
기억의 단서가 된다

감각과 감정이 기억에 미치는 영향

흑백 화면에 소리도 나지 않는 무성 영화와 다양한 음향과 화려한 색상, 그리고 바람과 향기까지 느낄 수 있는 최첨단 영화 중 무엇이 더 기억에 남을까? 같은 내용이라면 당연히 후자를 더 오래 기억할 것이다.

감각 자극은 기억의 단서가 된다. 우리는 다양한 감각과 함께 정보를 입체적으로 저장하고 다시 떠올린다. 이런 특징을 암기법에 의식적으로 적용하면 보다 생생하게 기억할 수 있다.

단순히 정보를 연결해서 만들어 낸 장면이 무성 영화라면, 연결에 단서를 추가해서 만든 장면은 최첨단 영화라고 할 수 있다. 이제부터는 다양한 효과를 더해 영상을 다채롭게 편집하는 연습을 한다.

정보와 사건에 감각과 감정을 추가하자. 정말 즐거웠던 일, 슬펐던 일은 머릿속에 오랫동안 남아 있다. 이는 감정의 중추인 편도체(amygdala)와 기억의 중추인 해마(hippocampus)가 서로 밀접한 영향을 주고받기 때문이다.

상황에 집중해서 빠져들면 직접 경험하지 않고도 감각과 감정을 느낄 수 있다. 이를 심상 능력이라고 한다. 눈을 감고 새치기를 당한 장면을 상상해 보자. 불쾌한 감정이 느껴지지 않는가? 연결이 밋밋하다고 느껴지면 감각과 감정을 적극적으로 활용해 보자. 더 강하게 연결할 수 있을 것이다.

정보를 이어 주는 선이 튼튼할수록

연결이 강해진다.

연결을 강하게 만드는 방법이 있다.

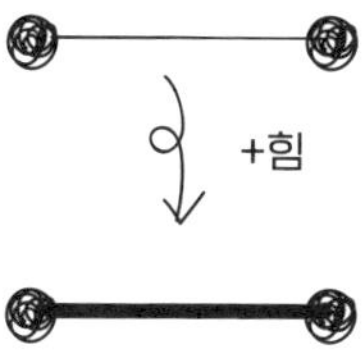

+힘

감각을 더한다.

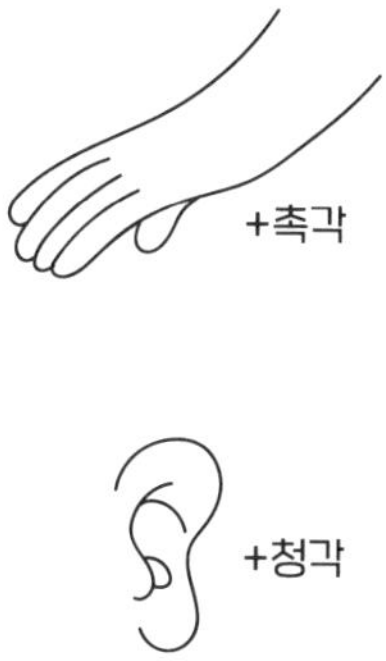

+촉각

+청각

레시피를 글로 읽는 것보다

직접 요리를 하며 익히면
감각 정보를 함께 기억할 수 있다.

제육볶음

① 양념 만들기
② 양파 볶기
③ 고기 볶기

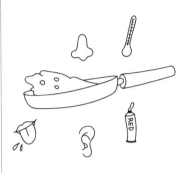

감각 정보는 기억의 강력한 단서다.

이제 의도적으로 감각을 더해 보자.

울릉도 동남쪽
뱃길 따라 이백 리
외로운 섬 하나
새들의 고향

우산   커피

먼저 장면을 떠올리고

감각을 더한다.

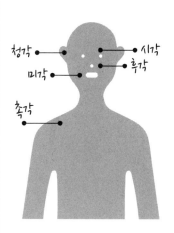

청각
시각
촉각
미각
촉각

소리를 상상하기(청각)

쪼르륵

냄새 느끼기(후각)

시각, 촉각 등 다양하게 느껴 보자.

감각을 더할수록 연결은 강해진다.

앗! 뜨거!

장면을 생생하게 떠올리고

다양한 감각을 추가해서
심상 능력을 올려 보자.

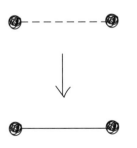

연결을 강하게 만드는 두 번째 방법은

감정을 느끼는 것이다.

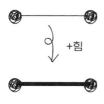

감정은 기억에 직접적인 영향을 준다.

감정과 함께 형성된 기억은 더 오래 간다.

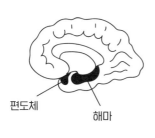

편도체　　해마

*감정 중추(편도체)와 기억 중추(해마)는 서로
가까이 위치했다.

별로 웃기지도 슬프지도 않았던 기억을 떠올려 보자.

행복하거나 슬펐던 기억을 떠올려 보자.

감정은 강력한 기억의 단서다.

이제 의도적으로 감정을 더해 보자.

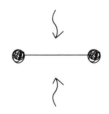

① 기쁨

퇴근하고 베개를 꺼안고 행복한 코끼리

코끼리　　　베개

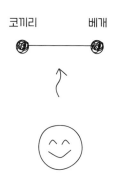

② 슬픔

실연당하고 베개에 눈물을 적시는 코끼리

코끼리　　　베개

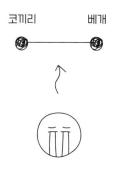

③ 감사

"코끼리 전용 베개라니, 정말 감사하다!"

코끼리　　　베개

감각과 감정을 함께 적용할 수 있을까?

어떤 감각은 감정을 일으킨다.

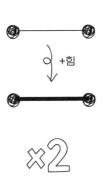

+힘

×2

감각과 감정을 동시에 느껴 보자.

딱딱한 베개(감각) → 화가 남(감정)

+감각

코끼리　↓　베개

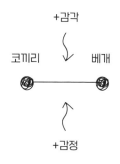

↑

+감정

밋밋한 장면에 감각과 감정을 더하면

연결이 강해져 오래 기억할 수 있다.

예제 1	두 정보를 연결하여 장면을 떠올린 후 여러 감각을 더하세요.
	기본적으로 장면을 먼저 만들 수 있어야 합니다.

① 봉투 청소기	② 라면 초콜릿
③ 강아지 눈사람	④ 신호등 뱀

두 정보를 연결하여 장면을 떠올린 후 여러 감각과 감정을 더하세요.
예) 기쁨, 신남, 감격, 슬픔, 분노, 낙담, 실망, 두려움, 비참함

① 곰인형 낙타	② 한약 텀블러
③ 수달 폭죽	④ 빗자루 선인장

해답 1

① 봉투 청소기

위이이잉~

소리(감각)

② 라면 초콜릿

CHOCO

달콤한 냄새(감각)

③ 강아지 눈사람

온도(감각)

④ 신호등 뱀

쉬이익~

쉬이익 소리(감각)

해답 2

① 곰인형 낙타

무서움(감정)

② 한약 텀블러

놀람(감정), 한약 냄새(감각)

③ 수달 폭죽

신남(감정), 폭죽 소리(감각)

④ 빗자루 선인장

안도감(감정), 빗자루질 소리(감각)

4장

몸으로 암기하면 절대 잊지 않는다 _기억의 궁전

정보를 순서대로 외우는 가장 쉬운 방법

앞서 우리는 하나의 정보를 다른 정보에 연결하고, 감각과 감정을 기억의 단서로 활용하는 암기법을 훈련했다. 그런데 만약 정보를 순서대로 외워야 한다면 어떻게 할까? 우리가 암기해야 할 정보 중에는 요리 레시피, 역사적인 사건 등등 순서가 중요한 것들이 있다. 이럴 땐 순서를 떠올릴 수 있는 단서를 만들어야 한다.

언제 어디서나 순서대로 떠올릴 수 있는 대상이 있다면 어떨까. 대표적인 예로 자신의 '신체'가 있다. 머리부터 발끝까지 신체 부위에 순서를 정하고 기억하려는 정보를 연결하면 언제 어디서든 정보를 순서대로 떠올릴 수 있다.

이것이 바로 '기억의 궁전(mind palace)'이다. 궁전이라는 말에서 알 수 있듯이 주로 장소를 활용한다. 처음에는 자신의 몸을 활용해서 연습한다. 신체 기억의 궁전이 익숙해지면 자신이 살고 있는 집이나 자주 가서 익숙한 장소, 혹은 가상의 장소까지 만들 수 있다. 그곳에 연결만 해두면 정보의 순서를 더 쉽게 암기할 수 있다.

이 장에서는 신체를 이용한 기억의 궁전법을 소개한다. 이 장이 끝나면 다양한 장소를 활용할 수 있게 될 것이다.

아래 단어를 순서대로 외워야 한다면?

나의 몸을 떠올린다.

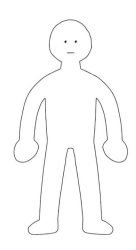

1. 신호등
2. 스키
3. 딸기
4. 마스크
5. 치약

① 머리

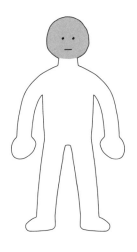

② 어깨

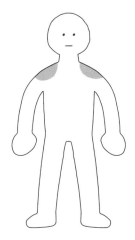

③ 손

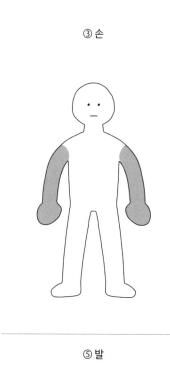

④ 배

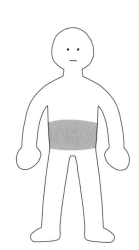

⑤ 발

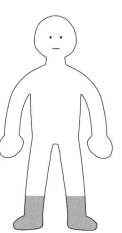

순서대로 연결한다.

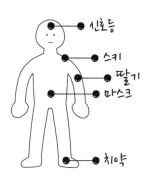

① 머리-신호등

얼굴에서 초록빛이 나오는 모습

② 어깨-스키

어깨에 쌓인 눈에
스키 타는 사람들

③ 손-딸기

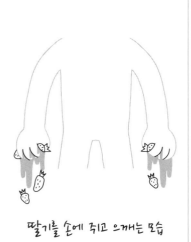

딸기를 손에 쥐고 으깨는 모습

④ 배-마스크

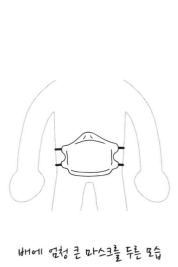

배에 엄청 큰 마스크를 두른 모습

⑤ 발-치약

몸의 순서를 다시 보고 맞혀 보자.

1. 머리
2. 어깨
3. 손
4. 배
5. 발

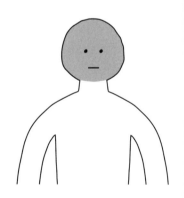

발로 치약을 밟는 모습

① 머리-

② 어깨-

③ 손-

④ 배-

⑤ 발-

모두 기억났다면
당신은 '기억의 궁전법' 마스터!

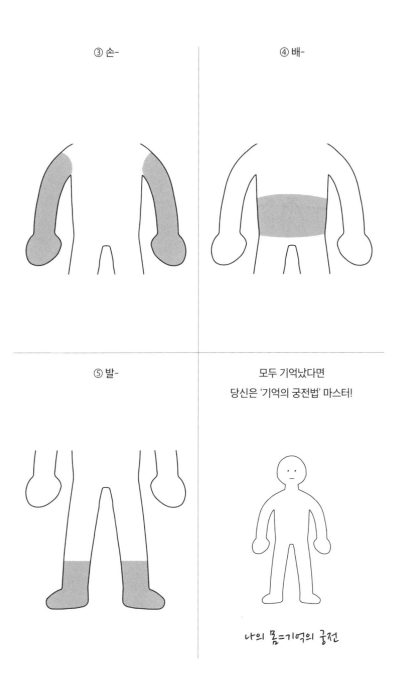

나의 몸=기억의 궁전

이게 어떻게 가능할까?

기억의 원리는 같다.

연결!

외워야 할 정보를 내 몸과 연결한다.

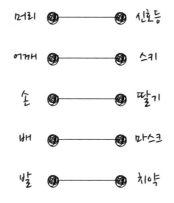

머리 —— 신호등

어깨 —— 스키

손 —— 딸기

배 —— 마스크

발 —— 치약

정보를 몸과 연결하면 좋은 점 ①

내 몸이니까 언제 어디서든
떠올릴 수 있다.

정보를 몸과 연결하면 좋은 점 ②

배는 마스크!

정보의 순서를
기억할 수 있다.

아무리 연결을 잘해도

커피   ?

커피 → 우산!

연결된 정보를 알아야
뭐라도 떠올릴 수 있다.

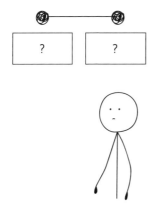

?   ?

하지만 내 몸은 늘 존재하기 때문에
외울 필요가 없다.

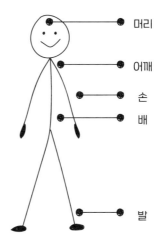

머리

어깨

손

배

발

예를 들어 이렇게 연결을 해도

순서를 기억하기는 힘들다.

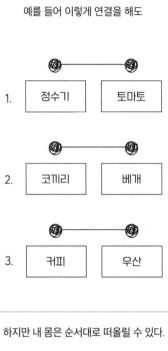

1. 정수기 — 토마토
2. 코끼리 — 베개
3. 커피 — 우산

1. 베개
2. 토마토
3. 우산

하지만 내 몸은 순서대로 떠올릴 수 있다.

기억의 궁전으로 순서까지 외우자!

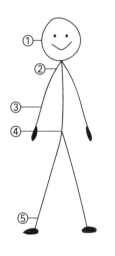

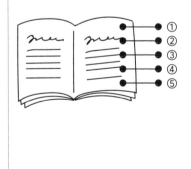

신체 기억의 궁전을 활용하여 다음 5개 단어를 순서대로 암기해 보세요.

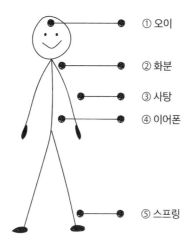

① 오이

② 화분

③ 사탕

④ 이어폰

⑤ 스프링

예제 2 신체 기억의 궁전처럼 언제 어디서나 순서를 떠올릴 수 있는
다른 장소를 생각해 보세요.

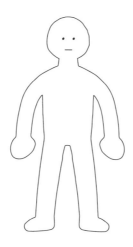

해답 1

① 오이-머리

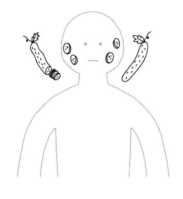

② 화분-어깨

③ 사탕-손

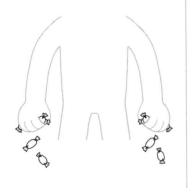

④ 이어폰-배

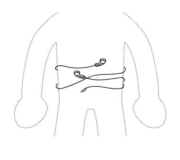

⑤ 스프링-발

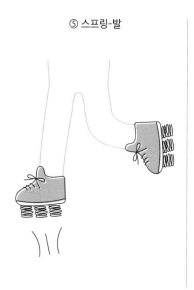

해답 2

- 집 내부 구조(신발장-화장실-방-거실-식탁-싱크대)

- 가족 나이 순서(할아버지-할머니-아빠-엄마-나-동생)

- 출근길(집-엘리베이터-지하철-커피숍-사무실)

- 한글 순서(가-나-다-라-마-바-사)

- 라면 끓이는 순서(물 끓이기-스프 넣기-면 넣기-계란 넣기)

5장

나만의
기억의 궁전 만들기

더 많이 기억하고 싶다면 저장소를 늘려라

기억의 궁전은 나에게 친숙한 주변의 장소를 활용하면 쉽게 만들 수 있다. 공간 정보는 다른 정보에 비해 잘 떠오르기 때문이다. 예를 들어 오래 전에 머물렀던 숙소의 호실은 기억하기 어렵지만 숙소의 구조는 어렴풋하게 그려 볼 수 있다.

집, 사무실, 학교, 자주 가는 카페 등 직접 가지 않아도 생생하게 떠오르는 장소가 있다. 이런 장소에 기억하려는 정보를 강하게 연결해 두면, 내가 원할 때마다 해당 장소를 떠올려 기억을 끄집어낼 수 있다. 마치 영화 매트릭스에서 주인공이 가상 세계에 접속하는 것처럼 말이다.

이런 장소는 동선에 따라 순서만 정해 두면 어떤 곳이든 기억의 궁전이 될 수 있다. 또한 공간 사이사이에 자리 잡은 고정된 물건들을 활용하면 수십 개에서 수백 개의 장소를 만들 수 있다. 장소가 많을수록 더 많이 암기할 수 있다. 기억력 마스터인 필자는 현재 약 1,000개의 장소를 갖고 있다.

장소를 많이 만드는 것도 중요하지만 어떤 장소를 선정하고 어떻게 동선을 구성해야 효과적으로 외울 수 있는지를 알아 가는 것이 더 중요하다. 각자 자기만의 기억의 궁전을 만들어야 하기 때문이다. 이제부터 기억의 궁전을 만드는 기본 원리를 익혀 실생활에 적용해 보도록 하자.

앞서 우리는 몸으로
기억의 궁전을 만들었지만

연결할 수 있는 정보에 한계가 있다.

기억의 궁전은 서랍과 같아서

언제 어디서든지
기억을 넣었다가 꺼낼 수 있어야 한다.

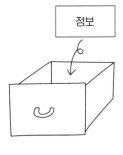

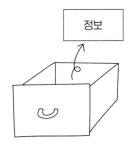

또, 공간이 많을수록
많은 정보를 담을 수 있다.

이런 기억의 궁전을 많이 만들려면?

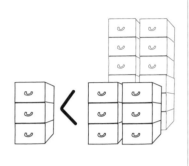

집 곳곳을 활용해 보자!

내 집은 쉽게 순서대로 떠올릴 수 있다.

우리 집은 신발장 지나서
방이 나오고 옆에 거실이 있지.

집의 구조를 떠올려 보자.

큰방	화장실	주방
거실		신발장
작은방		

몸의 순서를 정한 것처럼
집의 순서를 정한다.

④ 큰방	⑤ 화장실	⑥ 주방
③ 거실		① 신발장
② 작은방		

장소와 정보를 연결!

장소 ●━━━━━● 정보

그래도 너무 적다면?

고작 6개 장소로 어떻게 다 외워?

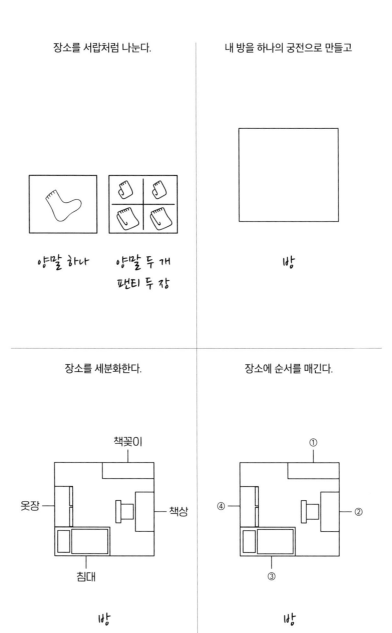

장소를 서랍처럼 나눈다.

양말 하나   양말 두 개
             팬티 두 장

내 방을 하나의 궁전으로 만들고

방

장소를 세분화한다.

책꽂이

옷장   책상

침대

방

장소에 순서를 매긴다.

①

④   ②

③

방

이렇게 수십 개의 장소

수백 개의 장소를 만들 수 있다.

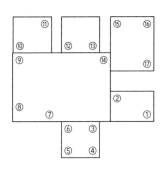

이런 것들도 장소가 될 수 있을까?

있다.

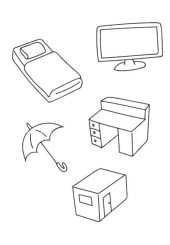

장소로 정한 물건과 정보를 연결해 보자.

연결은 자유롭게 한다.

다양한 물건을 장소로 활용하자.

다음 중 장소로 가장 좋은 것은?

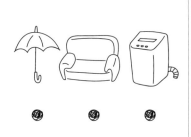

(연결 정보: 호랑이)

바닥

상자

콩

세탁기

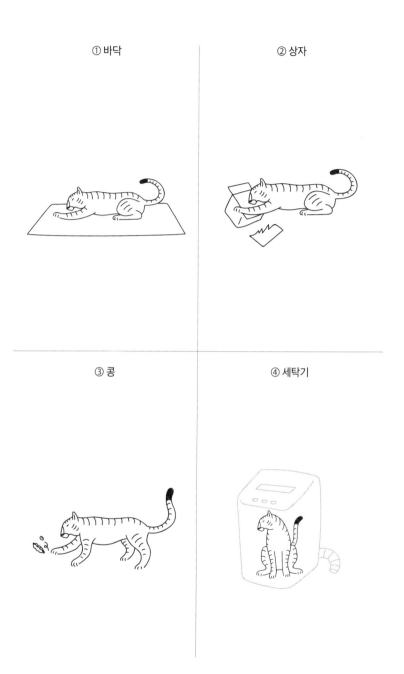

① 바닥

② 상자

③ 콩

④ 세탁기

물론 전부 가능하지만

특징이 많을수록 좋다.

	—	호랑이
	—	호랑이
	—	호랑이
	—	호랑이

바닥은 특징이 없다.

상자도 마찬가지다.

콩은 너무 작다.

세탁기는 특징이 있다!

생동감 있고

위이잉~

부피도 크다.

강하게 연결할 수 있는 장소를 고르자.

혹은 평범한 장소라도 특별하게 연결하자.

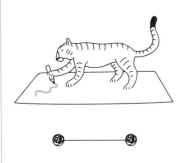

눈에 보이는 모든 것이
장소가 될 수 있다.

연결 가능한 점들의 집합이
바로 기억의 궁전!

내 집을 떠올려 보자.

뭐부터 시작하지?

① 동선 만들기

동선은 최대한
자연스럽게 이어지도록 짠다.

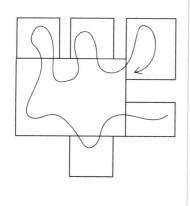

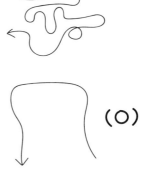

(X)

(O)

때론 어쩔 수 없이
순간 이동을 할 때도 있다.

② 적당한 간격 만들기

점프!

너무 가깝지도,
너무 멀지도 않아야 좋다.

눈을 감고 장소를 떠올려 보자.

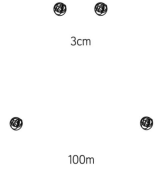

3cm

100m

다 떠올랐다면 성공이다.

자주 해 보면서 순서를 바꾸거나

장소를 없애거나

추가하거나 수정해도 된다.

아래 그림에서 20개 장소와 동선을 만들어 보세요.

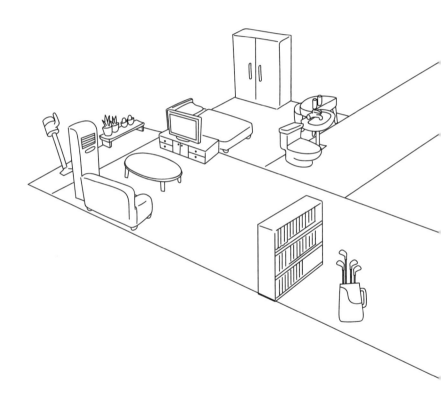

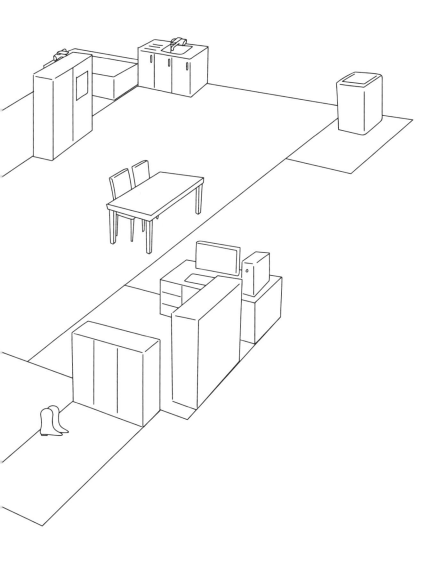

해답

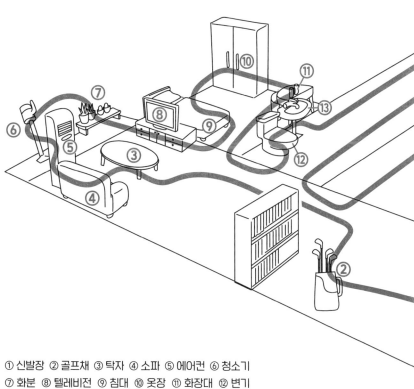

① 신발장 ② 골프채 ③ 탁자 ④ 소파 ⑤ 에어컨 ⑥ 청소기
⑦ 화분 ⑧ 텔레비전 ⑨ 침대 ⑩ 옷장 ⑪ 화장대 ⑫ 변기
⑬ 세면대 ⑭ 욕조 ⑮ 냉장고 ⑯ 식탁 ⑰ 싱크대 ⑱ 세탁기
⑲ 컴퓨터 ⑳ 책장

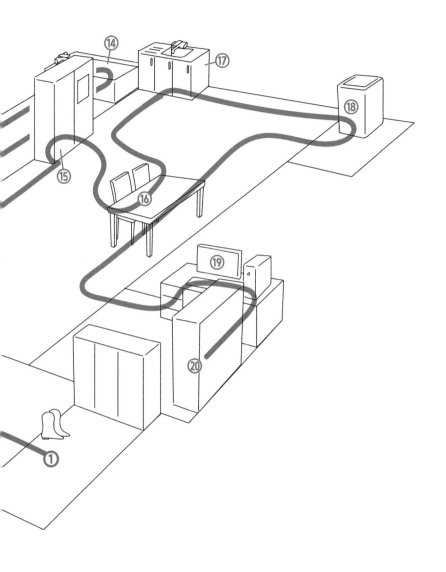

기억의 궁전 만들기의 핵심

① 장소 테마를 정한다. (집, 학교, 사무실 등)

② 동선을 정한다. 최대한 흐름이 이어지면 좋다.

③ 특징이 있는 사물이나 공간을 장소로 선정하면 좋다.

④ 장소 간 이동 간격을 너무 가깝거나 멀지 않게 한다.

　　예) 숟가락-젓가락: 가깝다

　　　　신발장-세탁기: 멀다

⑤ 밀접한 장소들은 함께 인지하면 빠르게 떠올릴 수 있다.

　　예) 신발장-골프채

　　　　소파-에어컨

　　　　세면대-변기-욕조

⑥ 불가피하게 먼 거리를 이동하는 지점은 의식적으로 반복 연습한다.

⑦ 필요에 따라 장소는 추가, 제거 혹은 수정할 수 있으며 이후 처음부터 문제없이 이동 가능한지 재확인한다.

무작위 단어 기억하기
아래 단어 20개를 각각 집 장소에 순서대로 연결해 기억해 봅시다.

① 상어

② 장갑

③ 목도리

④ 딸기

⑤ 종이컵

⑥ 야구공

⑦ 머리카락

⑧ 영수증

⑨ 할머니

⑩ 접시

⑪ 미사일

⑫ 우유

⑬ 귀걸이

⑭ 자동차

⑮ 지도

⑯ 연필

⑰ 기타

⑱ 도둑

⑲ 풍선

⑳ 물고기

해답

①

신발장   상어

②

골프채   장갑

③

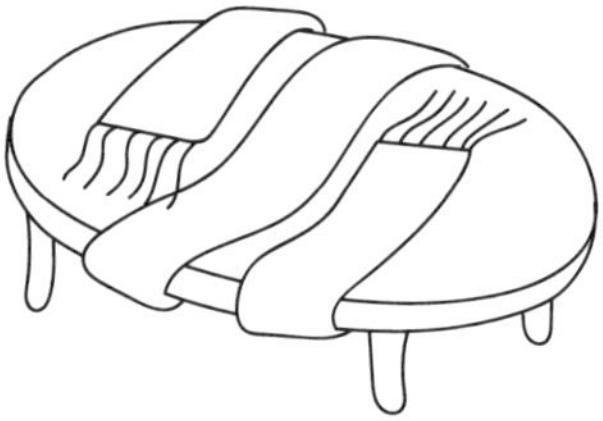

탁자   목도리

④

소파   딸기

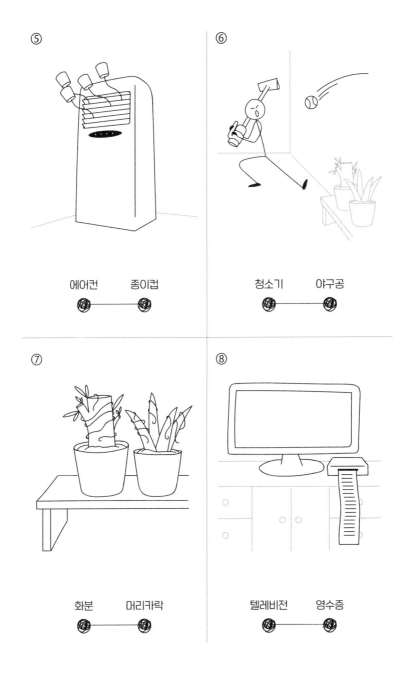

⑤ 에어컨 — 종이컵

⑥ 청소기 — 야구공

⑦ 화분 — 머리카락

⑧ 텔레비전 — 영수증

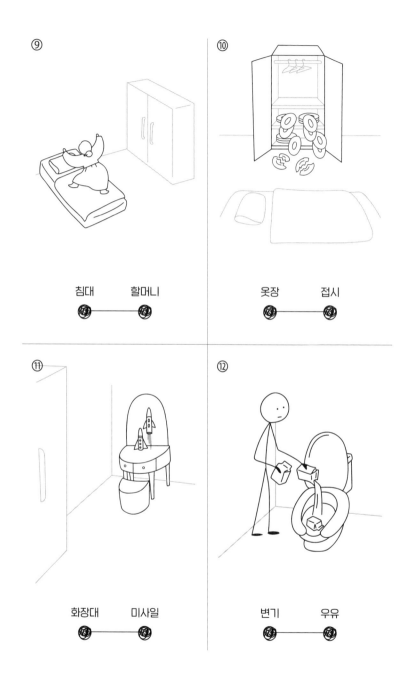

⑨ 침대　할머니

⑩ 옷장　접시

⑪ 화장대　미사일

⑫ 변기　우유

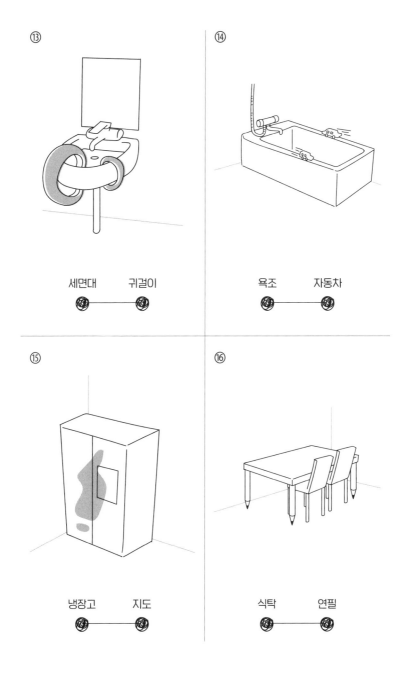

⑬ 세면대　귀걸이

⑭ 욕조　자동차

⑮ 냉장고　지도

⑯ 식탁　연필

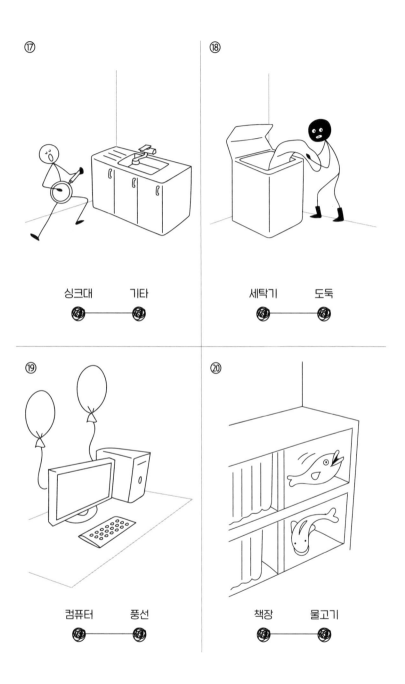

⑰ 싱크대 ― 기타

⑱ 세탁기 ― 도둑

⑲ 컴퓨터 ― 풍선

⑳ 책장 ― 물고기

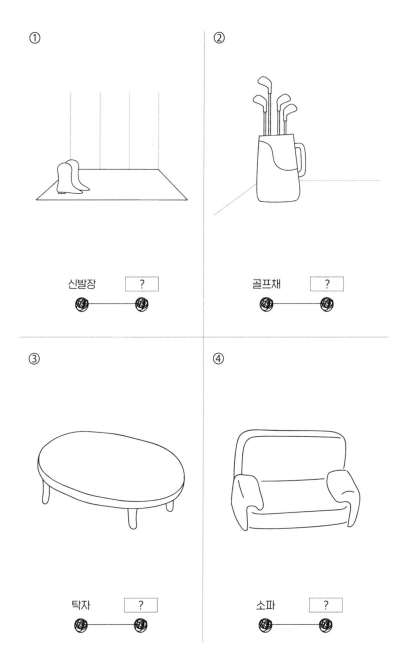

① 신발장 ?

② 골프채 ?

③ 탁자 ?

④ 소파 ?

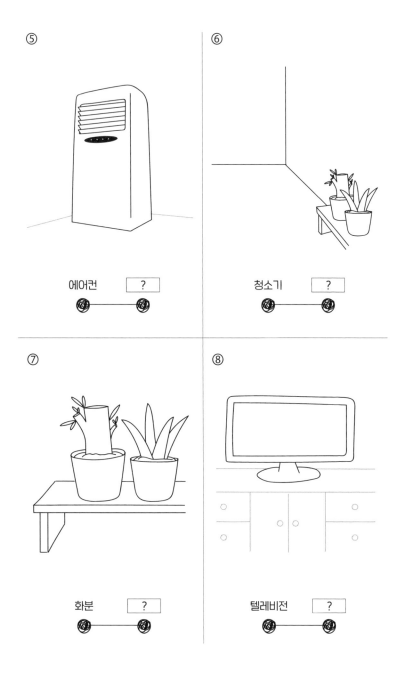

⑤ 에어컨 ?

⑥ 청소기 ?

⑦ 화분 ?

⑧ 텔레비전 ?

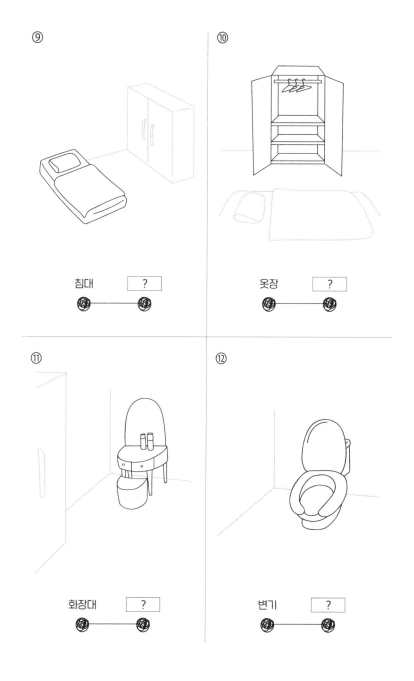

⑨ 침대 [?]

⑩ 옷장 [?]

⑪ 화장대 [?]

⑫ 변기 [?]

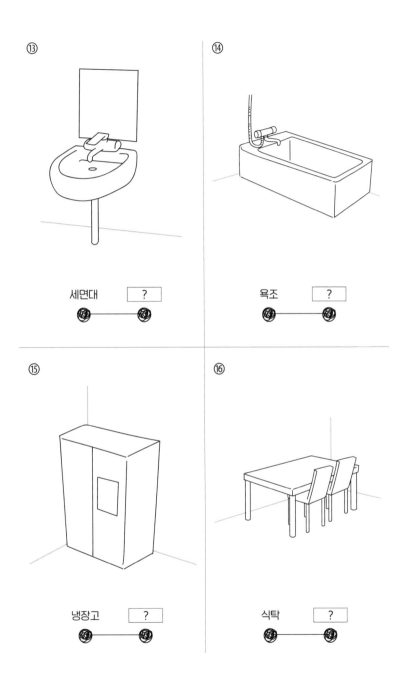

⑬ 세면대 [?]

⑭ 욕조 [?]

⑮ 냉장고 [?]

⑯ 식탁 [?]

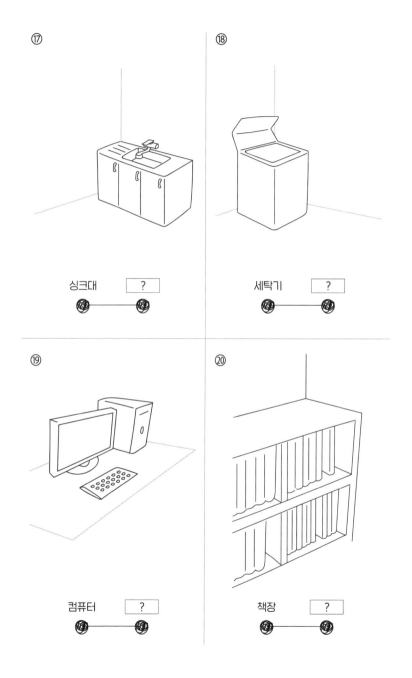

⑰

싱크대 | ? |

⑱

세탁기 | ? |

⑲

컴퓨터 | ? |

⑳

책장 | ? |

2단계

응용: 생활이 편해지는 실용 암기법

낯선 정보를 친숙한 이미지로 바꾸는 '변환 기억법'을 습득한다. 변환을 이용하면 점과 선의 연결이 쉬워지고 일상생활이 편리해지는 마법을 경험할 것이다.

6장

처음 보는 정보는
쉽게 바꿔라
_변환 기억법

변환 기억법의 이해

우리는 능동적으로 탐색한 정보를 더 오래 기억한다. 누구나 처음 접하는 어려운 내용을 있는 그대로 받아들이는 것은 매우 힘들다. 생소하고 어려운 전문 용어와 숫자를 한 귀로 듣고 한 귀로 흘리지 않으려면 '변환'이 필요하다.

변환이란 어려운 정보를 내가 알고 있는 친숙하고 쉬운 정보로 바꾸는 작업이다. 나에게 친숙한 정보의 도움으로 낯설고 어려운 정보를 머릿속에 붙잡아둘 수 있다. 대표적으로 비슷한 발음이나 생긴 모양, 해당 용어의 숨겨진 의미에서 변환의 힌트를 찾아낸다.

본래 의미에서 멀어지더라도 괜찮다. 일단 여러 가지 연상되는 정보를 떠올리는 것만으로도 능동적인 학습이 가능하기 때문이다. 오히려 이 과정으로 어려운 정보를 깊이 이해할 수 있게 되기도 한다.

변환은 정보를 습득하는 초기 단계에 심리적 거리를 좁혀 주는 역할을 한다. 두발자전거에 달린 보조 바퀴처럼 말이다. 중심 잡는 법을 익히면 보조 바퀴 없이도 자전거를 탈 수 있는 것처럼 시간이 지나 해당 용어의 원래 의미와 표현이 익숙해지면 더 이상 변환이 필요하지 않다. 지금부터 기억의 보조 바퀴가 되어 줄 변환 기억법을 연습해 보자.

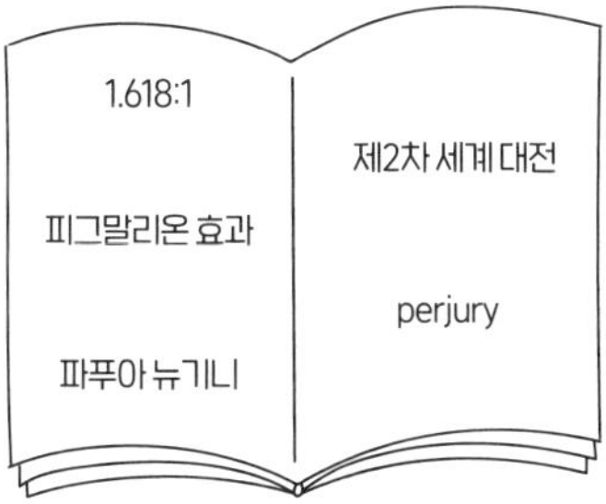

이렇게 어려운 정보는 어떻게 외울까?

1.618:1

제2차 세계 대전

피그말리온 효과

perjury

파푸아 뉴기니

바로 기억의 궁전에 연결한다.

어떻게 연결할까?

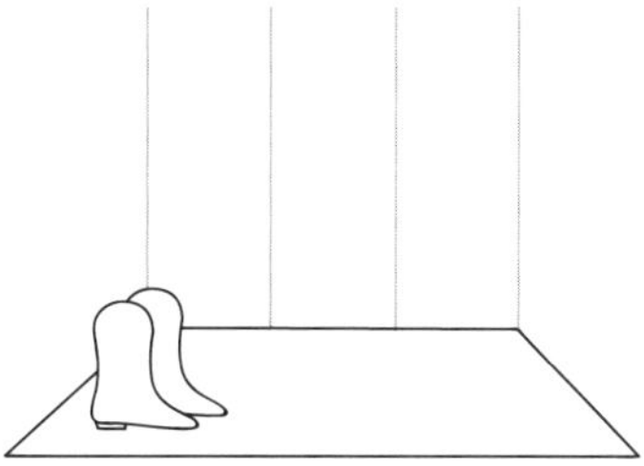

1.618

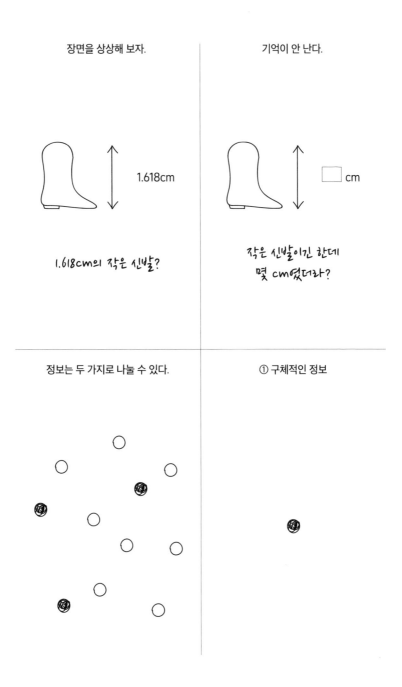

장면을 상상해 보자.

1.618cm

1.618cm의 작은 신발?

기억이 안 난다.

☐ cm

작은 신발이긴 한데
몇 cm였더라?

정보는 두 가지로 나눌 수 있다.

① 구체적인 정보

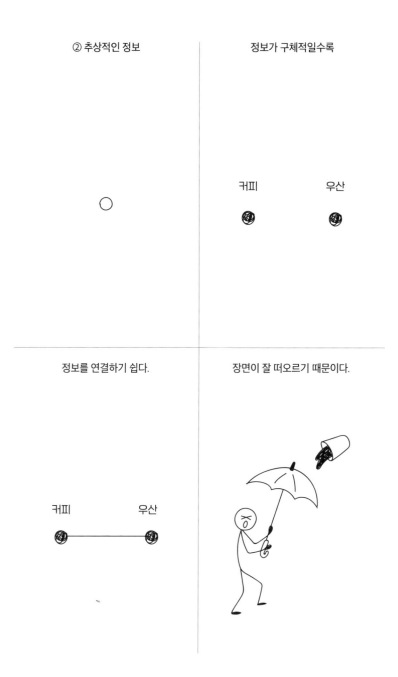

② 추상적인 정보

정보가 구체적일수록

커피　　　우산

정보를 연결하기 쉽다.

장면이 잘 떠오르기 때문이다.

커피　　　우산

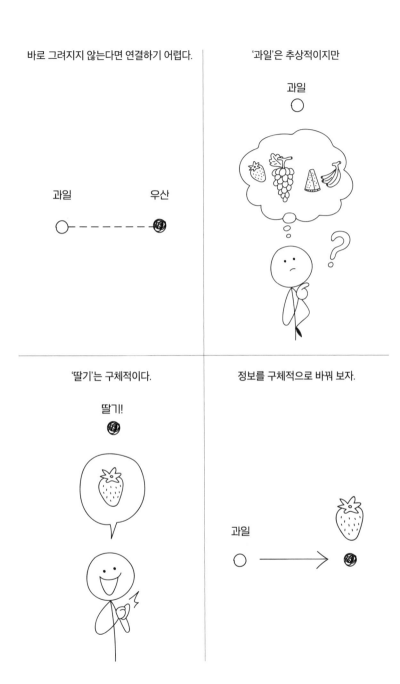

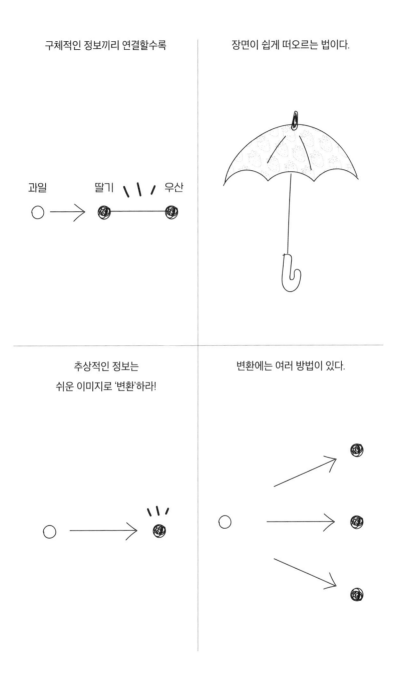

구체적인 정보끼리 연결할수록

과일　　　딸기　　　우산

장면이 쉽게 떠오르는 법이다.

추상적인 정보는
쉬운 이미지로 '변환'하라!

변환에는 여러 방법이 있다.

① 형태 변환

생긴 모양대로 바꾸기

3   갈매기

$\bigcirc \longrightarrow$ 🌀

3

② 발음 변환

발음이 나는 대로 바꾸기

7   페인트 칠

$\bigcirc \longrightarrow$ 🌀

7

③ 의미 변환 의미를 연결해서 바꾸기

88 올림픽

88

④ 예시 변환 대표적인 예를 떠올려 바꾸기

천재 아인슈타인

천재

⑤ 분리 변환

글자를 나눠서 바꾸기

불안   불 안

⑥ 부분 변환

간단한 부분만 떼서 바꾸기

개혁   개

⑦ 뒤집기

단어를 뒤집어서 바꾸기

추상   상추
○ ———————→

⑧ 규칙 변환

나만의 규칙을 적용하기

23

23   늑대
○ ———————→

규칙

1. ㄱ
2. ㄴ
3. ㄷ

다양한 관점으로 바라보면

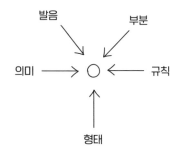

발음
부분
의미 → ○ ← 규칙
형태

구체적인 이미지가 나타난다.

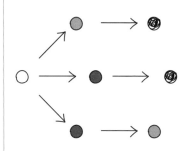

숫자, 전문 용어, 영단어 등

2002 ⟶ 축구공

피그말리온 ⟶ 돼지

우화 ⟶ 두루미

peer ⟶ 웃음꽃 핀

어려울수록 쉬운 이미지로 변환하자.

다음 단어들을 쉬운 이미지로 바꿔 보자.

변환 ①

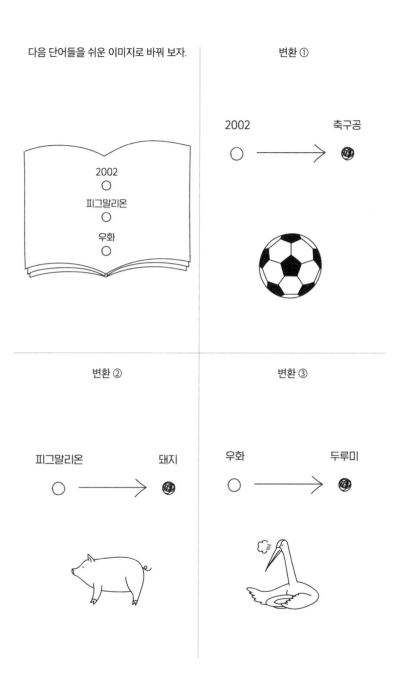

변환 ②

변환 ③

그리고 기억의 궁전에

순서대로 연결한다.

축구공   신발장

돼지   골프채

두루미   탁자

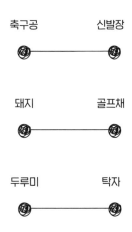

변환 ①-연결

축구공   신발장

변환 ②-연결

돼지   골프채

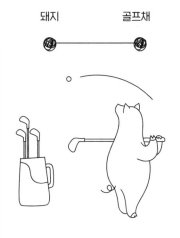

변환 ③-연결

두루미   탁자

어려운 정보를 각 장소에 저장했다.

2002   축구공   신발장

피그말리온   돼지   골프채

우화   두루미   탁자

이제 책이 없어도

연결한 곳만 떠올리면

변환한 이미지가 떠오르고

이를 반대로 변환하면

신발장   축구공

축구공   →   2002

골프채   돼지

돼지   →   피그말리온

탁자   두루미

두루미   →   우화

어려운 정보를 끄집어낼 수 있다.

커닝 페이퍼가 필요 없다.

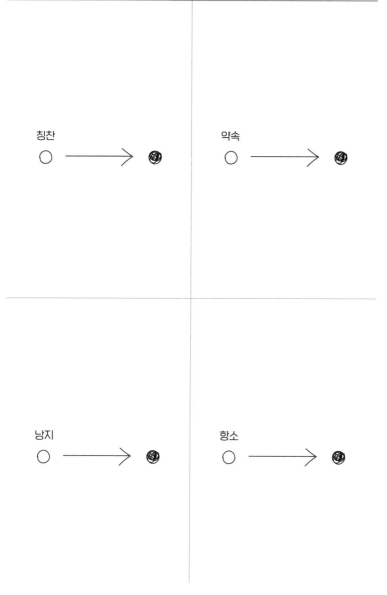

칭찬

약속

낭지

항소

'칭찬은 고래도 춤추게 한다'는 속담

칭찬  고래

사랑을 약속할 때 주고받는 반지

약속  반지

발음의 유사성

낭지  낙지

발음의 유사성

항소  황소

예제 2 주어진 정보에서 연상하기 쉬운 이미지로 변환해 보세요.

골렘 효과

교사가 학생에게 부정적으로 기대할 경우 학습자의 성적이 떨어지는 것.

링겔만 효과

집단에 참여하는 개인의 수가 늘어갈 수록 성과에 대한 1인당 공헌도가 오히려 떨어지는 현상.

스티그마 효과

과거의 좋지 않은 경력이 인물의 현재 평가에 미치는 부정적인 영향.

노시보 효과

환자가 약의 효능을 믿지 못하여 진짜 약을 먹어도 약효가 나타나지 않는 일.

골렘 효과   ⟶   골룸

링겔만 효과   ⟶   링겔

*표준어는 '링거'다.

스티그마 효과   ⟶   마그마

노시보 효과   ⟶   노(no) 씹어

◎ 기억력 마스터의 특별 TIP

'연상'으로 '변환'을 더 깊이 이해해 보자. 어떤 생각이 다른 생각을 불러일으키는 것을 '연상'이라고 한다. 기차라는 단어에서 나도 모르게 여행을 떠올리는 것도 연상의 예라고 할 수 있다.

사실 기차는 그 자체로도 충분히 구체적이기 때문에 굳이 다른 대상으로 변환할 필요가 없다. 기차라는 단어를 보면 곧바로 머릿속에 기차의 모습을 떠올릴 수 있기 때문이다. 이와 반대로 여행은 기차보다 추상적인 개념이다. 여행이 어떻게 생겼는지 표현하는 것은 기차보다 어렵다.

변환은 각자에게 더 선명하고 자세히 떠올릴 수 있는 대상으로 바꾸는 과정이다. 가장 좋은 것은 물건이나 사람, 동물처럼 눈으로 볼 수 있고 만질 수 있는 구체적인 대상을 떠올리는 것이다.

연결과 마찬가지로 변환 역시 간결할수록 좋다. 너무 많은 단계를 거치면 오히려 원래 정보를 떠올리는 인출 과정이 어려울 수 있다.

7장

숫자 암기의
달인 되기
_숫자 암기법

숫자를 암기하는 방법은 따로 있다

숫자를 잘 기억하면 좋은 점이 많다. 세상에는 많은 것들이 숫자로 돼 있고 이를 정확히 기억하지 못해서 손해를 보기도 한다. 보통 7자리 정도의 짧은 숫자는 계속 되뇌며 외울 수 있지만 숫자가 조금만 길어져도 훨씬 어려워진다.

낯선 숫자들이 많은 양으로 밀려들어 오면 머릿속에 붙잡아 둘 여유가 없다. 앞서 우리는 정보를 한 귀로 듣고 한 귀로 흘리지 않기 위해 기억의 단서가 될 변환 기억법을 연습했다. 숫자를 암기할 때도 변환을 이용하면 암기가 훨씬 수월하다. 숫자를 친숙한 정보로 변환하면 암기해야 할 대상이 더 이상 숫자가 아니라 내가 알고 있는 장면이 되기 때문이다.

이런 식으로 100자리 이상의 긴 숫자도 외울 수 있다. 숫자를 외우지만 실제로는 숫자를 외우는 게 아니다. 변환된 장면을 먼저 떠올리고 이를 다시 숫자로 바꾸는 작업이기 때문에 우리는 '장면'을 기억하는 셈이다.

처음에는 낯설게 느껴질 수 있지만 이 책을 볼 때만큼은 마음을 활짝 열고 가볍게 임하길 바란다. 이제부터 숫자를 변환하는 암기법을 연습해 보자.

짧은 숫자는 기억하기 쉽다.

이런 숫자는 어떨까?

53208

122510040301

기억하기 어렵다.

어려울 땐 쉬운 이미지로 '변환'하자!

122510040301

좀 길다!

무의미한 정보들에 의미를 부여해서

하나의 장면을 떠올릴 수 있다.

이미지를 다시 숫자로 변환하면

정확히 떠올릴 수 있다.

122510040301

숫자를 외웠지만 숫자를 외운 게 아니다.

1225   0301
    1004

이런 숫자는 어떨까?

8 4 2 3 1 1 7 2

쉽지 않다.

8 4 2 3 1 1 7 2

무슨 의미가 있지····.

차분히 나눠서 생각해 보자.

8 4 | 2 3 | 1 1 | 7 2

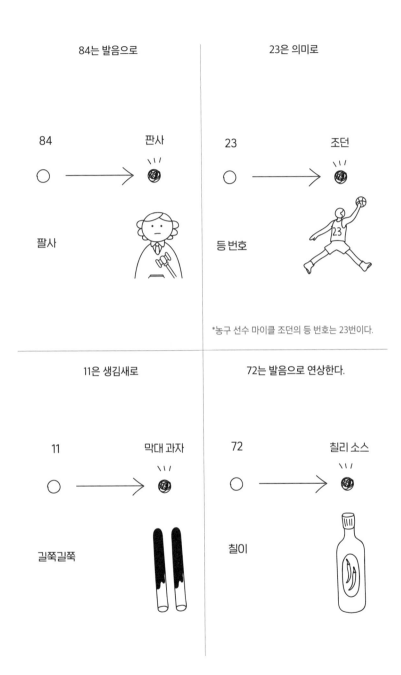

84는 발음으로

84 → 판사

팔사

23은 의미로

23 → 조던

등 번호

*농구 선수 마이클 조던의 등 번호는 23번이다.

11은 생김새로

11 → 막대 과자

길쭉길쭉

72는 발음으로 연상한다.

72 → 칠리 소스

칠이

쉬운 이미지로 변환됐다.

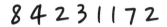

하지만 시간이 좀 걸린다.

좀 어려운 것
같은데….

빨리 변환할 수는 없을까?

1초

두 자리 숫자들에

65 | 48 | 13 | 23

미리 의미를 부여하면 어떨까?

2 3

6 5

4 8

8 4

1 3

7 2

1 1

00에서 99까지 100개의 수가 있다.

00 ... ...
01 54 96
02 55 97
03 56 98
... ... 99

이것들을 구구단처럼 만들어서

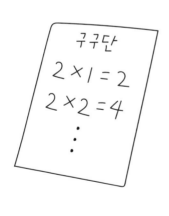

구구단
2 × 1 = 2
2 × 2 = 4
⋮

빠르게 연상할 수 있다면?

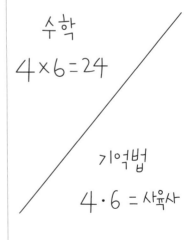

수학
4 × 6 = 24

기억법
4 · 6 = 사육사

40자리 숫자를 외워야 할 때

6 8 7 4 1 8 4 8 6 7
2 0 3 1 8 7 6 9 5 6
4 7 0 2 5 4 4 2 8 3
0 4 5 5 8 9 5 1 3 4

40자리 숫자

숫자마다 이미지가 있다면

68 = 윷판

74 = 청소

18 = 심판

·
·
·

두 자리 숫자는 한 단어가 된다.

윷판	청소	심판	사발	유치원
인공	유관순	팔찌	육군	오륜기
사치	공이	우산	싸이	발상
공사	요요	방구	오일	산사

40자리 숫자 ⟶ 20개 단어

이를 연속해서 연결하거나

기억의 궁전에 연결하면

쉽게 떠올릴 수 있다.

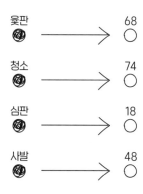

단어 변환과 마찬가지로

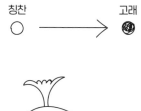

숫자도 구체적인 이미지가 필요하다.

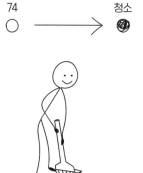

추상적인 변환은 피하고

74 ○   →   치사하다 ○

이미지가 겹치지 않도록

07 ○   →   꽁치

37 ○   →   삼치

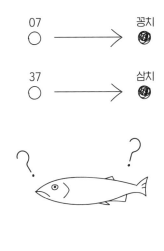

나만의 이미지를 만들어서

나는
인삼!

나는 마이클 조던
등번호!

숫자에 생명을 불어넣자!

78 62 47 92 04 26 10 52 31 88

장소에 모두 연결한 후 책을 덮고 숫자를 순서대로 떠올릴 수 있는지 확인해 보세요.

20자리 숫자는 2자리씩 나눠 이미지로 변환하면 사실상 10개의 이미지 나열을 기억하는 것과 같다. 10개를 연달아 연결해 기억하거나, 장소 10개를 활용해 기억하는 방법을 생각할 수 있다. 장소에 연결하는 방법으로 설명하겠다.

1. 기억의 궁전 만들기 챕터의 집 장소 ①~⑩번을 예시로 활용한다.
①신발장 ②골프채 ③탁자 ④소파 ⑤에어컨 ⑥청소기 ⑦화분
⑧텔레비전 ⑨침대 ⑩옷장

2. 숫자를 2자리씩 나누고 이미지로 변환한다.
78(칠판), 62(유니콘), 47(사치), 92(구이), 04(공사장 인부), 26(비행기 이륙), 10(십자가), 52(오이), 31(태극기), 88(아빠)

3. 장소에 이미지를 순서대로 연결한다.

해답

① 신발장-칠판(78)

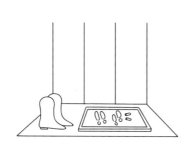

② 골프채-유니콘(62)

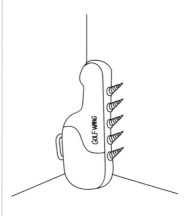

③ 탁자-사치(47)

④ 소파-구이(92)

⑤　에어컨-공사장 인부(04)

⑥　청소기-비행기 이륙(26)

⑦　화분-십자가(10)

⑧　텔레비전-오이(52)

⑨ 침대-태극기(31)

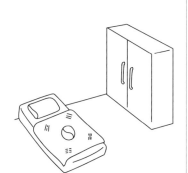

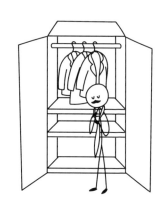

◎ 기억력 마스터의 특별 TIP

'기억력스포츠'는 국제적인 두뇌 스포츠다. 다양한 국적의 사람들이 대부분 자신만의 이미지로 숫자를 변환한다. 숫자를 미리 변환하면 암기 시간을 크게 단축할 수 있다. 컴퓨터 단축키를 활용하면 작업이 빨라지는 것과 같다.

숫자를 변환하는 방법에 정답이 있는 것은 아니다. 하지만 기본적으로 00에서 99까지 100가지 숫자를 기억해야 하므로 직관성이 높은 발음 변환 방식을 추천한다. 다른 방식보다 빠르게 만들고 떠올릴 수 있다. 그래서 흥미를 잃지 않고 연습을 지속하는 데 도움이 된다.

유독 변환 이미지가 잘 떠오르지 않는 숫자가 있다면 다른 이미지로 바꾸도록 하자. 꼭 처음에 정한 이미지를 고집할 필요는 없다. 숫자 이미지는 일상에서 자동차 번호판, 전화번호 등을 보며 연습할 수 있으니 익숙해지도록 자주 연습해 보도록 하자.

◎ 기억력 마스터의 특별 TIP

숫자	변환 이미지	숫자	변환 이미지
00	공공기관(소방관)	24	이삿짐
01	1등(금메달)	25	이온 음료, 이모
02	절굿공이, 영희	26	이륙(비행기), 이유식
03	영삼(전 대통령)	27	이칠(양치질), 2층 버스
04	공사장 인부, 공군	28	이빨, 이발
05	고모, 영어	29	이구아나, 이글루
06	공유, 공유기	30	상공, 상영
07	콩쥐, 꽁치	31	3·1운동
08	양파, 공판장	32	상의, 삼미 슈퍼스타즈
09	공구, 영구	33	삼겹살, 삼선 슬리퍼
10	십자가, 양(sheep)	34	산사, 상사
11	빼빼로, 사다리	35	사모님
12	이리, 112	36	36계 줄행랑, 상륙 작전
13	일상	37	상추, 삼촌
14	심사, 식사	38	삼바, 삭발, 샅바
15	인어, 일어나	39	삼국지, 삼구(당구)
16	인류, 일류	40	뱃사공
17	일치(쌍둥이)	41	미사일, 쌀
18	심판, 신발	42	싸이, 사이다
19	식구, 시구	43	사상 체질
20	인공위성, 이영애	44	사자, 사슴
21	가수 투애니원, 1박 2일	45	사오정, 사옥
22	이이, 둘리	46	사육사
23	인삼, 마이클 조던	47	사치, 삽질

숫자	변환 이미지	숫자	변환 이미지
48	사파리, 사발	74	취사, 철사
49	사구(모래 언덕), 사고	75	첼로, 치료
50	손오공, 오곡밥	76	체육
51	오일	77	칙칙폭폭, 지진
52	오이	78	칠판
53	오삼불고기	79	친구, 축구
54	우산, 오사카	80	세계 일주(80일), 팥빵
55	요요	81	파일
56	오륜기, 모유	82	파리
57	옻칠, 올챙이	83	밥상, 밥상
58	오빠, 오바마	84	판사
59	어부, 어그 부츠	85	파라오
60	유공자, 환갑	86	발육
61	육일 인형, 유일신	87	박쥐, 팔찌
62	유니콘, 유기견	88	아빠(papa), 올림픽
63	63빌딩, 육상 선수	89	바구니, 방구
64	이육사, 유산균	90	구공탄
65	유목민, 유모자	91	굴, 귤
66	우유, 악마	92	구이
67	유치원생	93	고3
68	윷판	94	궁사, 군사
69	육군	95	구호, 구미호
70	철봉, 침공	96	근육
71	친일파, 칠하는 일	97	구치소, 구찌
72	칠리	98	굿판
73	책상, 치고 싸움	99	비둘기, 구구콘

8장

생년월일부터
역사적 사건까지
_연도 암기법

변환과 연결을 활용한 연도 암기법

앞서 우리는 숫자 외우는 방법을 연습했다. 그런데 실제로는 긴 자릿수보다 다양한 수를 암기해야 하는 경우가 많다. 한국사나 세계사를 공부할 때는 역사적인 사건과 발생 연도를 함께 외워야 한다. 또, 일상에서 정해진 시간과 날짜를 기억해야 하는 경우도 많다.

바로 이럴 때 기적의 암기법이 빛을 발한다. 변환과 연결이라는 기본 원리만 잘 적용하면 쉽게 해결되기 때문이다. 역사적 사건의 내용과 연도를 각각 쉬운 이미지로 변환하면 하나의 장면으로 연결할 수 있다.

기억력 대회의 '역사 연도 종목'은 5분 동안 처음 보는 가상의 사건과 연도를 최대한 많이 외워야 한다. 과연 얼마나 많이 기억할 수 있을까? 놀랍게도 이 종목의 세계 기록은 150개에 육박한다. 변환과 연결을 이용했기 때문에 가능한 일이다.

처음부터 세계 기록만큼 외우기는 어렵겠지만 숫자 이미지만 바로 떠올릴 수 있다면 5분에 15개 이상은 충분히 기억할 수 있다. 역사 연도뿐만 아니라 다른 분야에도 같은 원리를 적용할 수 있다. 승진 시험을 위해 부품이나 제품의 수치를 외워야 하거나, 자격증, 학교 시험 등 단기간에 정확한 수를 암기해야 할 때 굉장히 유용하다.

이번 장에서는 앞서 연습한 연결법과 변환 기억법을 적용해 역사 연도 외우기를 연습해 보자.

이제 긴 숫자도 기억할 수 있다.

786240920

426105231

하지만 일상에서는

의미 없이 긴 숫자보다는

다양한 형태의 수를 기억해야 한다.

연도, 수치, 비율 등등

다양한 수를 어떻게 모두 기억할까?

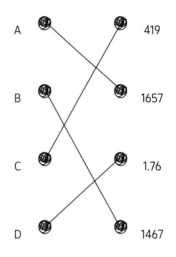

아래 연도와 사건을 외워 보자.

어떻게 기억할까?

610 – 이슬람교 창시

1090 – 나침반 항해에 사용

1251 – 팔만대장경 완성

1455 – 잉글랜드 장미 전쟁 발발

1896 – 제1회 올림픽

1936 – 베를린 올림픽 손기정 우승

610년 – 이슬람교 창시

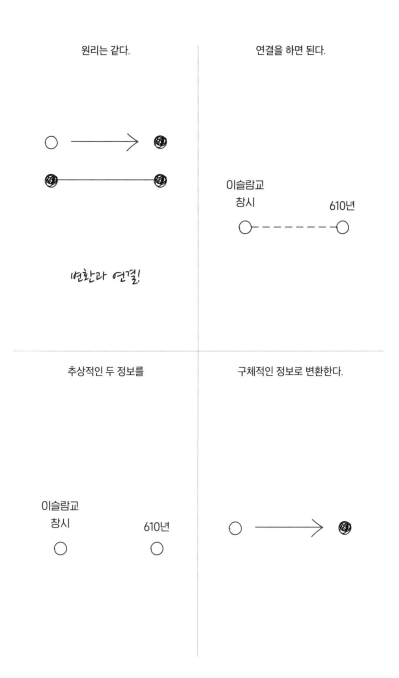

원리는 같다.

연결을 하면 된다.

이슬람교
창시   610년

변환과 연결!

추상적인 두 정보를

구체적인 정보로 변환한다.

이슬람교
창시   610년

변환할 때는

610년 – 이슬람교 창시

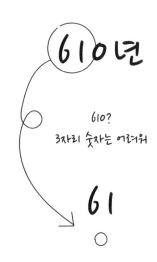

610년

610?
3자리 숫자는 어려워

61

② 가장 핵심적인 정보만

골라서 기억한다.

이슬람교 창시

전체 문장보다
핵심 정보만!

이슬람

61

이슬람

숫자는 변환이 쉽다.

61　　　　　　　육일 인형

*육일 인형: 사람의 ¹/₆ 비율로 만들어진 인형

핵심 단어도 쉬운 이미지로 변환한다.

이슬람　　　　　　　히잡

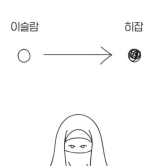

이제 이 둘을 연결해서

육일 인형　　　　　히잡

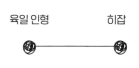

하나의 장면을 떠올린다.

연도를 떠올려 보자.

사건의 키워드를 단서로

이슬람교 창시는 몇 년일까요?

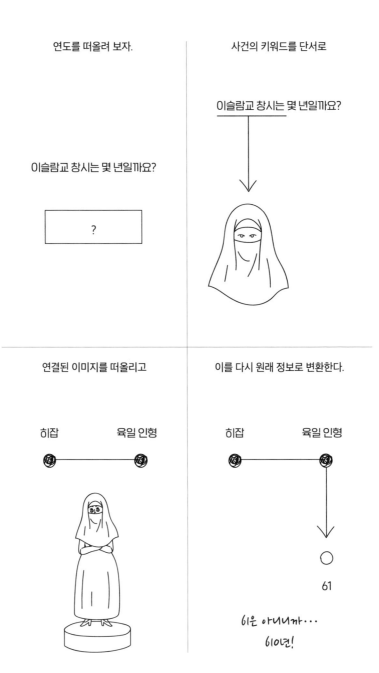

이슬람교 창시는 몇 년일까요?

?

연결된 이미지를 떠올리고

이를 다시 원래 정보로 변환한다.

히잡   육일 인형

히잡   육일 인형

61

61은 아니니까···
610년!

처음엔 어렵지만

이 작업을 여러 번 반복하면

Q. 이슬람교 창시는 몇 년일까요?

① 462년   ② 610년   ③ 715년

연결이 점점 강해지고

밀접해지면서

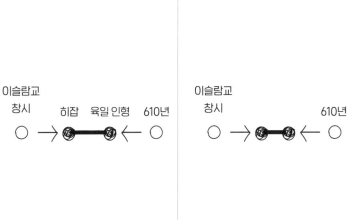

원래 정보들끼리 연결된다.

이슬람교
창시   610년

이슬람교 창시? 610년이잖아!

다른 연도도 이렇게 외울 수 있다.

1090년 – 나침반 항해에 사용

① 내가 외울 수 있는 만큼만

1090년

90만 기억할래.

90

② 가장 핵심적인 정보만

나침반 항해에 사용

이게 제일 중요해!

나침반

골라서 기억하고

쉬운 이미지로 변환한다.

90

구공탄

90

나침반

굳이 다른 이미지로 변환할 필요가 없다면

나침반

그대로 연결하자.

구공탄　　　　나침반

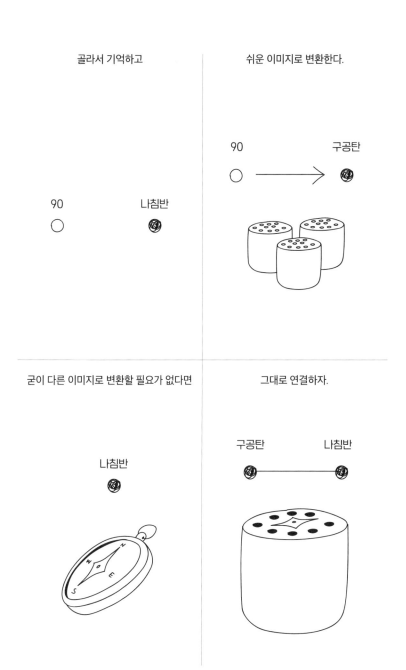

정보를 추가해도 좋다.

이를 연결해서 장면을 만든다.

구공탄 나침반   항해

사건을 떠올려 보자.

바로 떠오른다.

1090년에 어떤 사건이
일어났나요?

?

구공탄… 1090!

연습 문제 ①

기억할 정보를 고르고

1251년 - 팔만대장경 완성

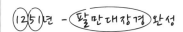

12	51	팔만대장경
◯	◯	

추상적인 숫자 정보를

12		112 경찰
◯	⟶	

구체적인 이미지로 변환한다.

51		오일(oil)
◯	⟶	

외워야 할 원래 정보와

하나의 장면으로 연결한다.

팔만대장경

경찰관 오일 팔만대장경

다시 떠올려 보자.

Q. 팔만대장경은 몇 년도에
완성되었을까요?

팔만대장경은 몇 년도에
완성되었을까요?

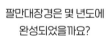

?

1251

연습 문제 ②	기억할 정보를 고르고

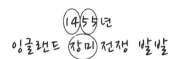

1455년 – 잉글랜드 장미 전쟁 발발

14	55	장미
○	○	

추상적인 숫자 정보를	구체적인 이미지로 변환한다.

14 　　　　　→　　　　심사위원

55 　　　　　→　　　　요요

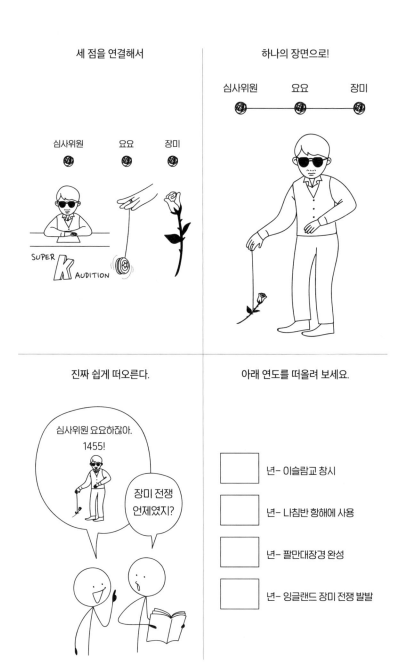

세 점을 연결해서

심사위원   요요   장미

SUPER K AUDITION

하나의 장면으로!

심사위원   요요   장미

진짜 쉽게 떠오른다.

심사위원 요요하잖아.
1455!

장미 전쟁
언제였지?

아래 연도를 떠올려 보세요.

년– 이슬람교 창시

년– 나침반 항해에 사용

년– 팔만대장경 완성

년– 잉글랜드 장미 전쟁 발발

정답

| 610 | 년– 이슬람교 창시 |

| 1090 | 년– 나침반 항해에 사용 |

| 1251 | 년– 팔만대장경 완성 |

| 1455 | 년– 잉글랜드 장미 전쟁 발발 |

당장 내일이 시험이라면

무작정 외우기는 그만두자.

핵심 정보만 쏙쏙 뽑아서

(A) aaaa (B) bbbb (C) cccc

A   B   C

○   ○   ○

쉬운 이미지로 변환한 뒤

연결하자!

이것을 반복해서 떠올리면

한번

두번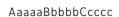

세번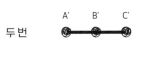

그 정보는 내 것이 된다.

AaaaaBbbbbCcccc

380년

로마 제국이 기독교를 국교로 공인

660년

백제 멸망

1776년

미국의 독립 선언

1936년

베를린 올림픽 손기정 우승

해답

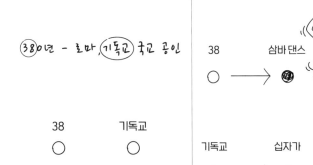

380년 - 로마, 기독교 국교 공인

38 → 삼바 댄스

기독교 → 십자가

38   기독교

삼바 댄스   십자가

기억력 마스터의 TIP

기독교가 국교로 공인됐다는 사실을 축하하기 위해 여러 사람이 삼바 댄스를 추고 있다는 논리를 추가하면 더 강하게 연결할 수 있다.

660년 - 백제 멸망

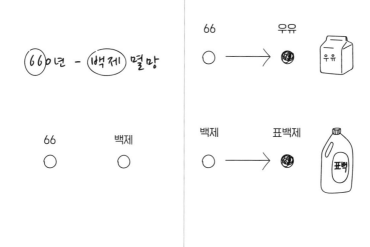

66   백제

66 → 우유

백제 → 표백제

우유   표백제

기억력 마스터의 TIP
백제인들이 흰 표백제를 우유로 착각해 마시다가 멸망했다는 논리로 생각하면 더 강하게 연결할 수 있다. 66년이 아닌 660년이라는 점은 삼국 시대의 대략적인 시기를 공부했다면 어렵지 않게 떠올릴 수 있다.

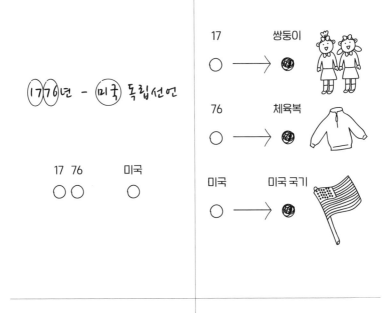

1776년 – 미국 독립선언

17 76   미국
○ ○   ○

17   쌍둥이
○ ⟶ ◉

76   체육복
○ ⟶ ◉

미국   미국 국기
○ ⟶ ◉

쌍둥이   체육복   미국국기
◉———◉———◉

기억력 마스터의 TIP

얼굴이 일치(17)하는 미국 쌍둥이가 체육복을 입고 독립을 축하하며 국기를 흔드는 모습을 떠올려 본다. 국기가 펄럭이는 소리나 장면까지 상상하면 더 강하게 연결할 수 있다.

1936년 - 베를린올림픽 (손기정) 우승

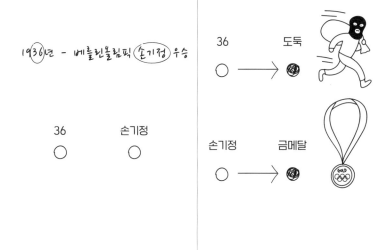

36	손기정
◯	◯

기억력 마스터의 TIP
36은 도둑의 '36계 줄행랑'에서 연상
하여 변환한다. 1900년대라는 사실을
모른다면 19를 '식구'로 변환하여 도둑
가족이 메달을 훔치고 도망가는 모습
을 떠올릴 수 있다.

9장

각양각색의
사람을 구별한다
_얼굴과 이름 암기법

얼굴과 이름은 모든 인간관계의 시작이다

처음 보는 사람의 얼굴과 이름을 기억하는 일은 일상에서 꽤나 중요하다. 특히 사람을 상대하는 영업이나 서비스 직종에서 일하는 사람들이라면 더욱 그렇다. 앞서 우리는 연결이 튼튼할수록 기억이 잘 된다는 점을 배웠다. 반면 사람의 생김새와 이름은 연관성을 찾기가 쉽지 않기 때문에 우리 뇌가 어려워할 수밖에 없다.

이럴 땐 앞서 습득한 변환 기억법을 잘 활용해야 한다. 우선 얼굴과 이름을 관찰하고 특징을 찾는다. 비슷하게 생긴 사람이 떠오른다면 그 사람으로 변환해도 좋다. 나의 입맛에 맞는 정보로 바꾼다. 그리고 변환된 정보들을 연결하여 재미있는 장면을 상상해 본다.

얼굴은 그 자체로 이미지이기 때문에 연결하기 편리한 측면이 있다. 문제는 이름이다. 이름은 변환이 어려운 경우가 많아 전부 다 변환하기보다는 부분에 집중하는 것이 좋다.

또 그런 이름이 붙여진 논리를 스스로 추리하면서 단서를 만들어 가면 더욱 효과적이다. 설령 거짓 논리라고 할지라도 스스로 납득할 수 있는 논리라면 머릿속에 훨씬 잘 남는다.

일상생활에서 사람들의 얼굴과 이름을 잘 외우게 되면 대인 관계에도 큰 도움이 된다. 얼굴과 이름을 외울 때 기적의 암기법을 적용해 보자. 처음 보는 사람을 만날 때 굉장히 큰 도움이 될 것이다.

수많은 얼굴과 이름

제임스

조민선

나카무라

기억하기가 너무 어렵다.

새로 전학 온 조민선입니다.

모든 사물에는 이름이 있고

그런 이름이 붙은 이유가 있다.

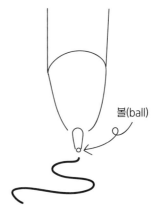

볼(ball)

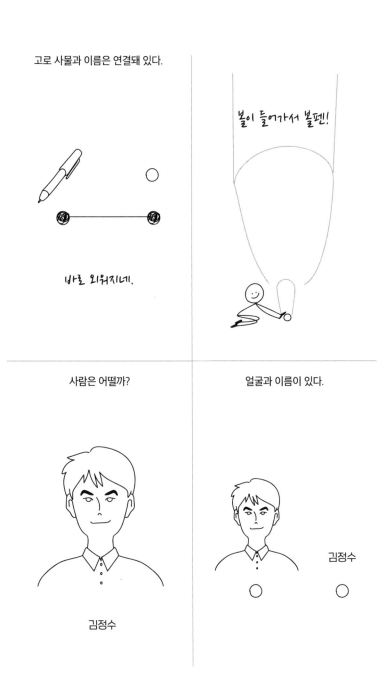

고로 사물과 이름은 연결돼 있다.

볼이 들어가서 볼펜!

바로 외워지네.

사람은 어떨까?

김정수

얼굴과 이름이 있다.

김정수

처음 보는 얼굴과 이름은

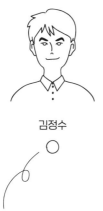

김정수

Q. 얼굴은 이미지인데 왜 검은 점이 아닐까?
A. 이미지라도 낯설다면 변환이 필요하다.

연결하기가 어렵기 때문에

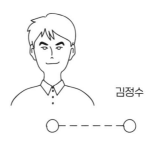

김정수

외우기가 쉽지 않다.

내 이름
몇 번을 말하니…·

이름이 뭐더라~

생각해 보면

통통하니까 이름도
정통통 어때요.

미쳤어요?

사람의 이름은 생김새와 관련이 없다.

정계원 (鄭桂源) ○

계수나무 ○

계수나무처럼 건강하게 자라렴~

원리를 적용해서 해결해 보자.

노아   강용도

데이지   박재석

이런 사람이 있다.

노아

얼굴을 관찰해 보자.

特징을 발견하고

변환한다.

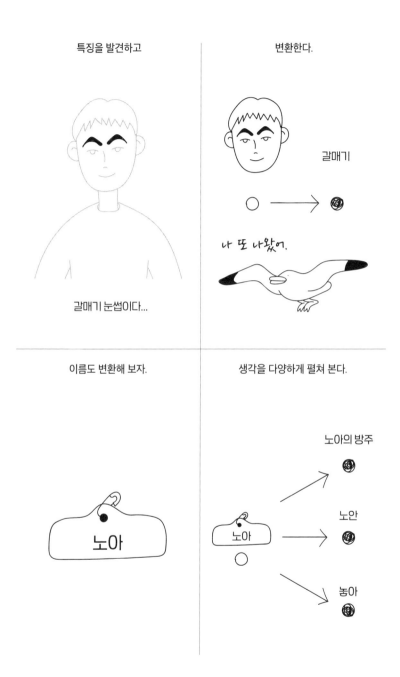

갈매기

갈매기 눈썹이다...

나 또 나왔어.

이름도 변환해 보자.

생각을 다양하게 펼쳐 본다.

노아의 방주

노안

노아

놓아

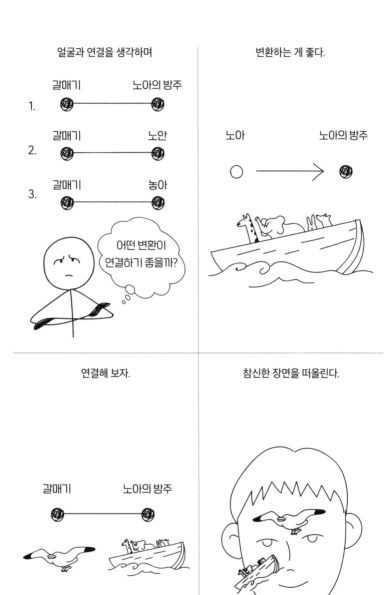

얼굴과 연결을 생각하며

변환하는 게 좋다.

갈매기   노아의 방주
1.

갈매기   노안
2.

노아   노아의 방주

갈매기   놈아
3.

어떤 변환이 연결하기 좋을까?

연결해 보자.

참신한 장면을 떠올린다.

갈매기   노아의 방주

이제 얼굴을 보면

상상한 영상이 재생되고

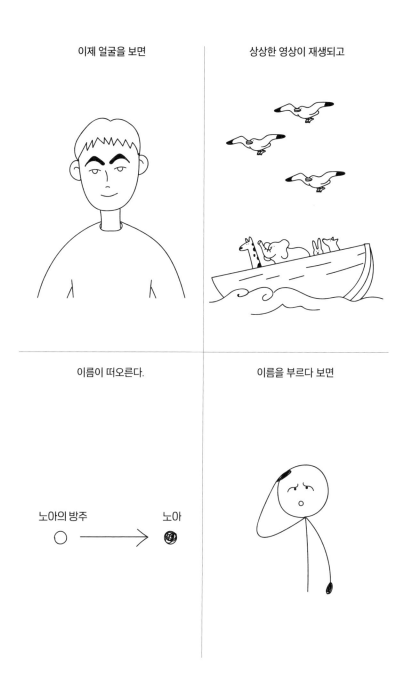

이름이 떠오른다.

이름을 부르다 보면

노아의 방주 → 노아

반복해서 외우게 되므로

장기 기억이 된다.

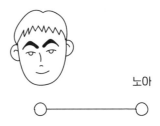

노아

① 강용도

강용도

얼굴을 관찰하다가

누구 닮았는데····.

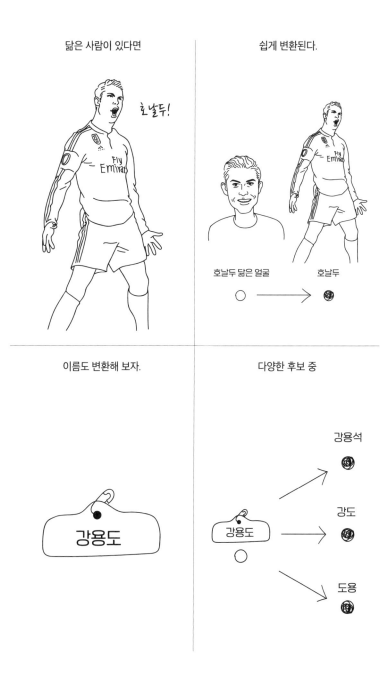

닮은 사람이 있다면

쉽게 변환된다.

호날두!

호날두 닮은 얼굴   호날두

이름도 변환해 보자.

다양한 후보 중

강용도

강용도

강용석

강도

도용

a

가장 쉬운 것 하나를 골라서

연결한다.

강용도   강도

호날두   강도

재미있는 상상을 해 보자.

이제 얼굴을 보면

강도가 된 호날두!

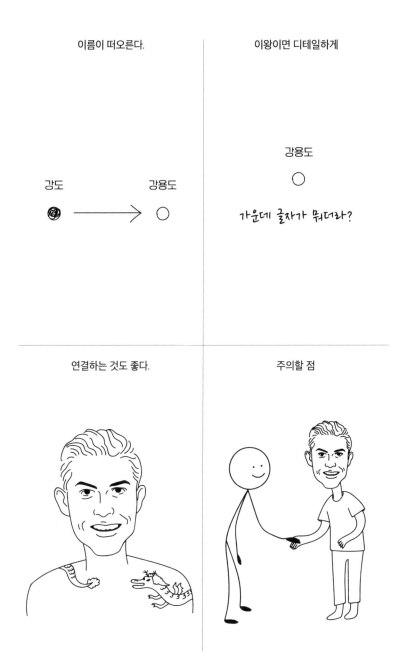

이름이 떠오른다.

강도 → 강용도

이왕이면 디테일하게

강용도

가운데 글자가 뭐더라?

연결하는 것도 좋다.

주의할 점

상대방은 모르게 하자.

② 데이지

상상은 자유...

데이지

액세서리, 의상, 헤어를 살펴보자.

이름도 살펴보자.

변환한다.

변환한 이름과 특징을 연결한다.

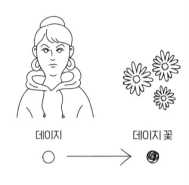

데이지   데이지 꽃

귀걸이   데이지 꽃

장면으로 상상한다.

이름을 다시 떠올릴 수 있다.

얼굴

귀걸이   데이지 꽃

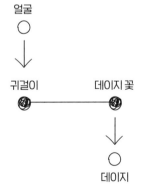

데이지

③ 박재석

박재석

얼굴에 별다른 특징이 없다면

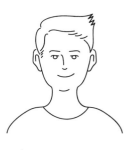

이름을 먼저 살펴본다.

유명한 동명이인이 있다면

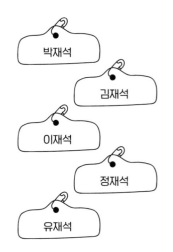

박재석

김재석

이재석

정재석

유재석

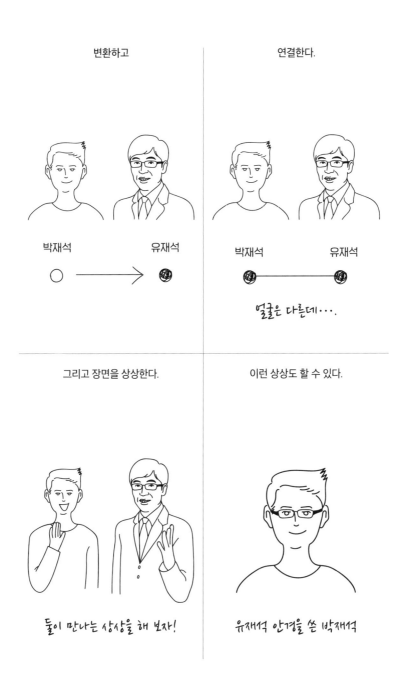

변환하고

연결한다.

박재석　　　　　유재석

박재석　　　　　유재석

얼굴은 다른데‥‥.

그리고 장면을 상상한다.

이런 상상도 할 수 있다.

둘이 만나는 상상을 해 보자!

유재석 안경을 쓴 박재석

이런 상상도 할 수 있다.

얼굴을 변환하지 않아도
가능한 이유가 있다.

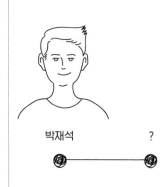

메뚜기 모자를 쓴 박재석

박재석　　　　　？

얼굴은 기본적으로 이미지라서

장면을 덧씌우는 게 가능하다.

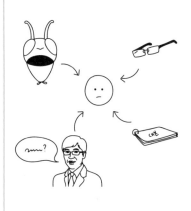

내가 기억하기 쉽게
바꾸는 것이 중요하다.

이름 변환도 마찬가지다.

최건호

무엇이든 나에게 쉬운 것으로 바꾸자.

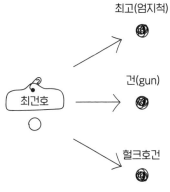

최고(엄지척)

건(gun)

헐크호건

글자의 형태를 활용해도 좋다.

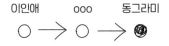

이인애   ooo   동그라미

① 임지연

임지연

② 소현준

소현준

③ 마이클

마이클

④ 김시내

김시내

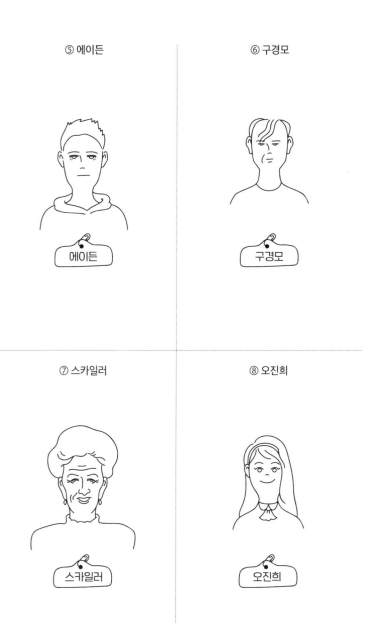

⑤ 에이든

⑥ 구경모

에이든

구경모

⑦ 스카일러

⑧ 오진희

스카일러

오진희

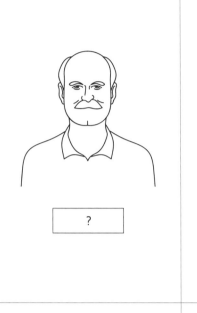

?

?

?

?

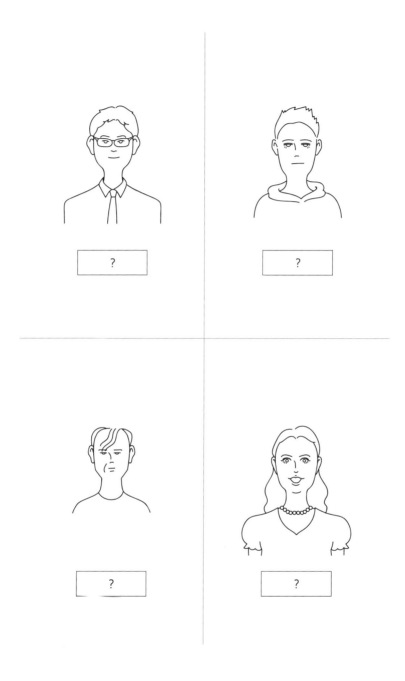

?

?

?

?

① 마이클

마이클

얼굴을 관찰한다.

벗어진 머리

이름을 변환한다.

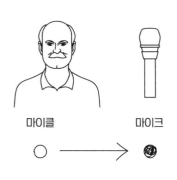

마이클   마이크

연결한다.

벗어진 머리   마이크

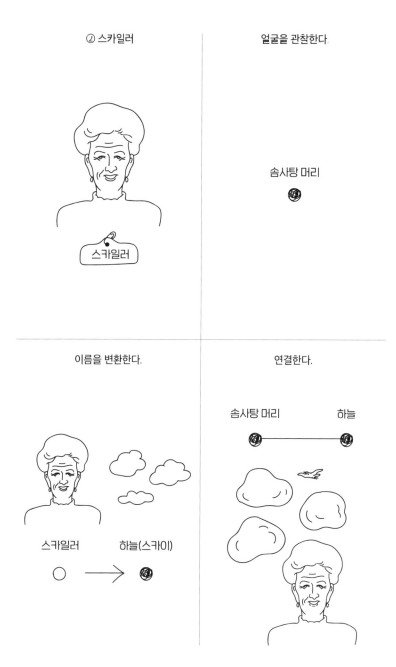

② 스카일러

얼굴을 관찰한다.

솜사탕 머리

이름을 변환한다.

연결한다.

솜사탕 머리   하늘

스카일러   하늘(스카이)

③ 임지연

얼굴을 관찰한다.

별 특징이 없다.

이름을 변환한다.

연결한다.

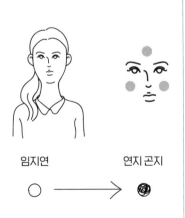

임지연　　　　　　연지 곤지

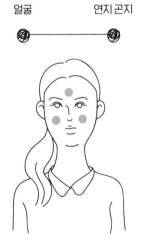

얼굴　　　　　　연지 곤지

④ 오진희

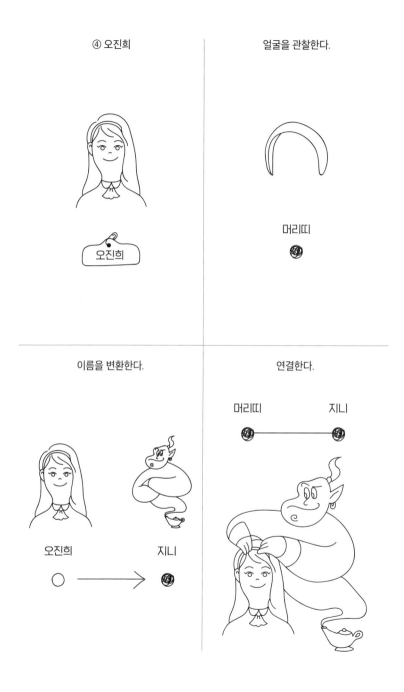

얼굴을 관찰한다.

머리띠

이름을 변환한다.

오진희

지니

연결한다.

머리띠   지니

⑤ 소현준

얼굴을 관찰한다.

소현준

흔한 연구원처럼 생겼다….

이름을 변환한다.

연결한다.

소

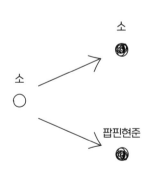

소

팝핀현준

얼굴 　　　소, 팝핀현준

⑥ 에이든

얼굴을 관찰한다.

에이든

흔한 중학생처럼 생겼다….

이름을 변환한다.

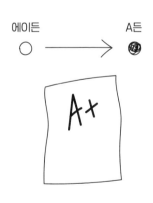

에이든　　　　　A든

A+

연결한다.

얼굴　　　　　A든

A+

⑦ 구경모

얼굴을 관찰한다.

독특한 머리 스타일

이름을 변환한다.

연결한다.

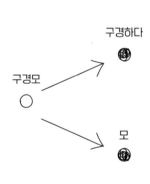

구경모

구경하다

모

독특한 머리   구경, 모

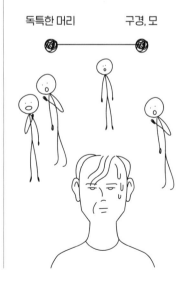

⑧ 김시내

얼굴을 관찰한다.

진주 목걸이

이름을 변환한다.

김시내   시냇가

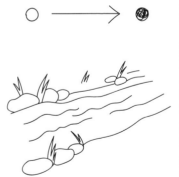

연결한다.

진주 목걸이   시냇가

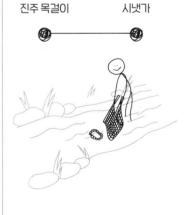

3단계

실전: 어떤 시험도 문제없는 암기 공부법

실제 시험에 기적의 암기법을 응용한다. 다양한 시험 과목을 예시로 들어 지루했던 암기 공부에서 벗어나 재미있고 효과적인 공부 과정을 소개한다.

10장

더 확실히
외우고 싶다면
_다중 변환

암기의 정확도를 올리자

우리는 앞서 어려운 정보를 친숙한 이미지로 바꾸는 변환 기억법을 배웠다. 그런데 변환법을 이용하다 보면 본래의 의미와는 동떨어진 상상을 하면서 잘못 기억하거나 더 자세히 암기하는 데에 한계가 생긴다.

다중 변환은 이를 보완하는 좋은 해결책이다. 다중 변환은 변환 기억법을 응용한 것이다. 하나의 정보를 외울 때 발음, 의미, 형태 등 여러 가지 변환을 동시에 적용하는 방법이다.

예를 들어 숫자 7을 변환해 보자. 발음에 주목하여 '페인트 칠'을 떠올릴 수 있고, 7이 가진 행운의 의미에 주목하여 '복권 종이'를 떠올릴 수도 있다. 이 두 변환을 하나로 연결하면 '복권 종이에 페인트를 칠하는 장면'이 된다. 2가지를 연결하면 이중 변환이 되고, 3가지를 연결하면 삼중 변환이 된다.

다중 변환을 이용하면 정보의 철자와 의미까지 모두 외울 수 있다. 변환에 변환을 더하는 방식이기 때문에 다중 변환의 가능성은 무궁무진하다. 이를 잘 이용하면 아무리 복잡한 정보라도 내가 원하는 만큼 디테일하게 암기할 수 있게 된다.

이 단어를 외울 때

발음으로 변환하면 단어는 쉽게 기억난다.

콩코드 효과

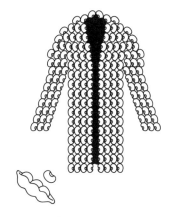

콩으로 만든 코트

하지만 의미까지 알기는 어렵다.

그래서 '다중 변환'이 필요하다.

검색 결과 ⃝⃝⃝

콩코드 효과
concorde effect

콩코드 여객기의 실패 사례에서 유래된 말로 손
실이 날 것을 예상하고도 지금까지의 투자가 아
까워 그만두지 못하는 현상.

단어가 추상적일수록

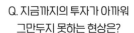

Q. 지금까지의 투자가 아까워
그만두지 못하는 현상은?

① 자이가르닉 효과
② 점화 효과
③ 콩코드 효과

의미를 외우는 것이 중요하다.

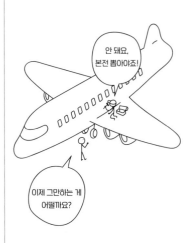

안 돼요,
본전 뽑아야죠!

이제 그만하는 게
어떨까요?

물론 단어도 함께 기억해야 한다.

콩코다 효과였나?
콩쿨 효과였나?

발음과 의미를 함께 기억할 수 없을까?

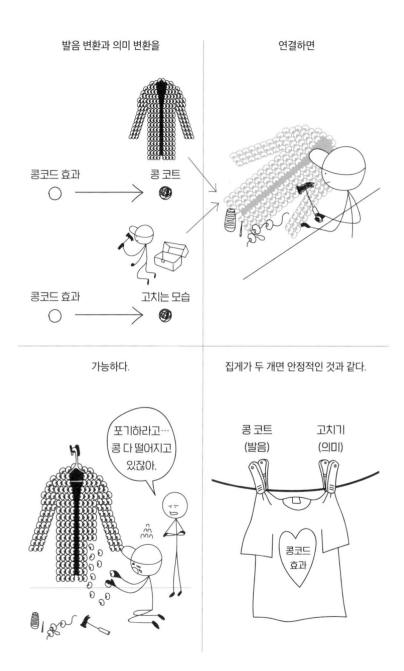

발음 변환과 의미 변환을

연결하면

콩코드 효과 → 콩 코트

콩코드 효과 → 고치는 모습

가능하다.

집게가 두 개면 안정적인 것과 같다.

포기하라고…
콩 다 떨어지고
있잖아.

콩 코트
(발음)

고치기
(의미)

콩코드
효과

'친절'이라는 단어를 외워야 한다면

선명한 점으로 대체되는
이미지를 떠올린다.

친절　　　　　　　　스튜어디스

친절

외워야 하는 단어는?

스튜어디스!

땡!
답은
'친절' 입니다

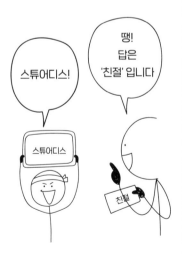

이때 발음을 함께 변환해서

친절　　　　　　　　절*

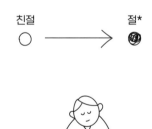

*단어의 일부분에 주목한 변환이다.

두 가지 변환을 합치면

스튜어디스　　　절

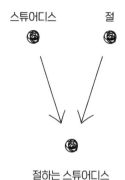

절하는 스튜어디스

이중 변환 완성!

잘못 외울 수도 있었지만

스튜어디스

이 방향으로
가려다

이중 변환 덕분에 제대로 외울 수 있다.

스튜어디스

왜 절을 하지?
아, 친절!

[쉬운 단어로 연습하기]	의미 변환하기

조롱하다

의미 변환하기

조롱하다 낙서

헷갈림을 방지하기 위해	발음 변환하기

낙서하다?

놀리다?

조롱하다?

발음 변환하기

조롱하다 → 조롱박

둘을 합치면

짜잔

낙서 　　　조롱박

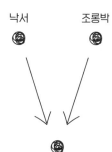

조롱박에 낙서

놀리는 것 같은데··· 조롱박에
써 있으니 '조롱하다'구나!

[어려운 단어로 연습하기]

어려운 단어는 의미부터 찾는다.

소급 적용

검색 결과　　　　　　○○○

소급 적용遡及適用
어떤 법률, 규칙 따위가 시행되기 전에 일어난 일
에까지 거슬러서 미치도록 적용하는 일.

알맞은 예시를 떠올린다.

소급 적용   음주 운전
                재검사

발음해 보고 이미지로 변환한다.

'소급' 적용   '소'의 등'급'

A++   A+

둘을 합치면

음주 운전
재검사   '소'의 등'급'

소의 등급 재검사

이미 평가가 끝난 소고기를
재검사하는 이미지!

단어도 기억나고

뜻도 기억나는

놀라운 효과!

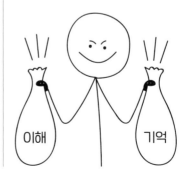

교우투분의 의미는 다음과 같다.

교우투분

검색 결과 ○○○

교우투분交友投分
벗을 사귈 때에는 서로가 분에 맞는 사람끼리
사귀어야 함.

먼저 의미를 변환하고

교우투분 ⟶ 어깨동무
○

분에 맞게 친구하자~

발음을 변환한다.

교우투분 ⟶ 유튜브
○

YOU튜브

의미 변환+발음 변환

어깨동무　　　유튜브

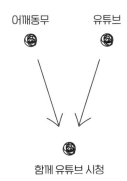

함께 유튜브 시청

장면을 떠올린다.

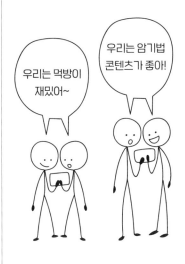

[낯선 단어 연습하기]

쿠바드 증후군

의미를 알아보자.

검색 결과　　　　○○○

쿠바드 증후군
couvade syndrome
입덧처럼 임신이나 출산 중 겪는 고통을 남편도
비슷하게 느끼는 현상. 신체적 증상에만 그치지
않고 우울증이나 신경과민인 심리적 증상으로도
나타남.

의미 변환하기

쿠바드 ⟶ 임신한 남자

발음 변환하기

쿠바드 ⟶ 바코드

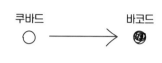

의미 변환+발음 변환

임신한 남자   바코드

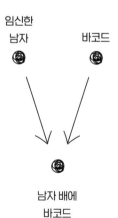

남자 배에
바코드

이중 변환 완성!

[시사 용어 연습하기]

의미를 알아보자.

달리트

검색 결과　　　　　○○○

달리트
dalit

힌두교의 4대 카스트에 속하지 않는 불가촉천민을 일컫는 말.

의미를 시각화한다.

발음을 시각화한다.

달리트　　　　　천민
○　———→　

달리트　　　　달리는 트럭
○　———→　

의미 변환+발음 변환

이중 변환 완성!

천민   달리는 트럭

달리는 트럭에
실린 천민

[경제 용어 연습하기]

의미를 알아보자.

포템킨 경제

검색 결과 ○○○

포템킨 경제
potemkin economy

미국 경제학자 폴 크루그먼이 사용한 용어로, 겉
은 번듯하지만 속은 썩어 있는 경제 상황을 뜻하
는 말. 1787년 러시아 예카테리나 2세가 시찰을
나오자 환심을 사기 위해 화려한 가짜 마을을 조
성한 그레고리 포템킨 총독의 사례에서 유래.

의미를 시각화한다.

포템킨
경제
○ ——→ 부실한
            식사

발음을 시각화한다.

포테이토

포템킨
경제
○

POTATO

킨 사이다

모든 변환을 합치면

부실한   포테이토   킨
식사   사이다

식판에 올려진
포테이토와 킨 사이다

다중 변환 완성!

와~
완전 급조된 식사다.

이게 밥이냐?

복습 ① [사자성어]

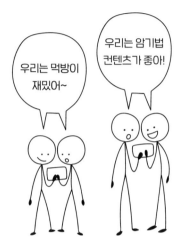

복습 ② [낯선 단어]

복습 ③ [시사 용어]

복습 ④ [경제 용어]

① 바넘 효과(barnum effect)

평범한 사람들의 일반적인 성격 또는 심리적 특징을 주관적으로 해석하여 자신만의 독특한 특성으로 믿으려는 심리적 현상.

예) 점쟁이가 누구에게나 하는 말인데 용하다며 탄복할 때.

② 베블런 효과(veblen effect)

일부 특정 계층의 과시욕으로 인해 가격이 오르는데도 수요는 오히려 증가하는 현상.

예) 명품이 비쌀수록 잘 팔리는 현상.

③ 나르시시즘(narcissism)

자기 자신을 사랑하는 일. 또는 자기 자신이 훌륭하다고 여기는 일. 나르시시즘은 그리스 신화에서 호수에 비친 자기 모습을 사랑하며 그리워하다가 물에 빠져 죽어 수선화가 된 나르키소스(Narcissos)라는 미소년의 이름에서 유래되었다.

④ 창업 액셀러레이터(accelerator)

초기 창업 기업을 발굴하여 엔젤 투자, 사업 공간, 멘토링 등 종합 보육 서비스를 제공하여 창업 초기에 성장을 돕는 창업 촉진 전문 회사나 기관이다.

⑤ 디지털 포렌식(digital forensic)

각종 디지털 기기나 인터넷에 있는 데이터를 수집 · 분석하여 범죄의 증거를 확보하는 수사 기법.

⑥ 마부위침

'도끼를 갈아 바늘을 만든다'는 뜻으로, 아무리 이루기 힘든 일도 끊임없는 노력과 끈기 있는 인내로 성공하고야 만다는 한자 성어.

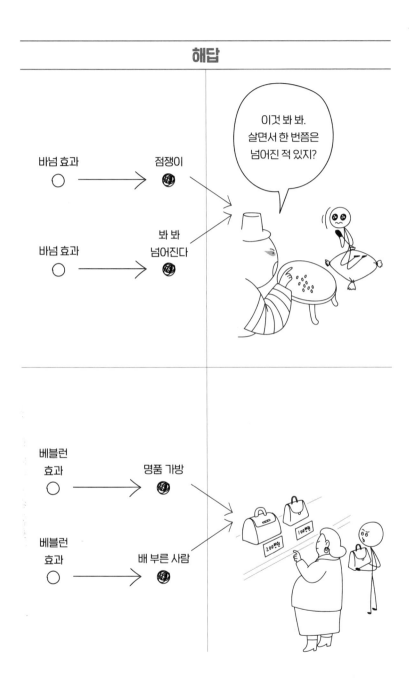

해답

나르시시즘
◯ ──────→ 왕자병
🌹

나르시시즘
◯ ──────→ 나시
🌹

창업
액셀러레이터
◯ ──────→ 돕는 사람
🌹

창업
액셀러레이터
◯ ──────→ 자동차
액셀
🌹

내가
도와줄게!

해답

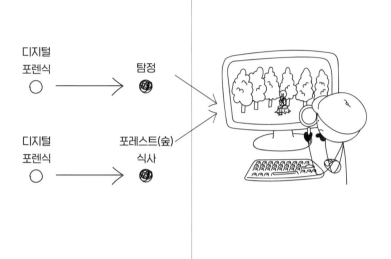

디지털
포렌식
○ ──────→ 탐정
⊚

디지털
포렌식
○ ──────→ 포레스트(숲)
식사
⊚

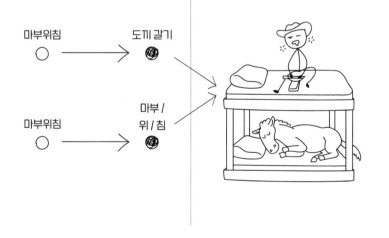

마부위침
○ ──────→ 도끼 갈기
⊚

마부위침
○ ──────→ 마부 /
위 / 침
⊚

◎ 기억력 마스터의 특별 TIP

다중 변환에서 의미 변환과 발음 변환을 중첩하는 방식이 학습에서 가장 유용하게 활용된다. 이때 되도록 의미를 중심으로 생각한 후 발음 변환을 덧붙이는 것이 좋다.

먼저 관련된 예시나 상황을 떠올려 보자. 마땅히 떠오르지 않는다면 의미를 내포하는 상황을 직접 만들어도 좋다. '소급 적용'에서 음주 운전 이미지를 떠올린 것처럼 말이다. 이는 내용을 이해하려는 능동적인 자세를 부르기 때문에 학습에도 굉장히 도움이 된다.

발음 변환은 전체 발음에서 떠오르는 게 없다면 부분에 주목하는 편이 좋다. 주로 철자를 떠오르게 하는 힌트 역할이 되기 때문이다. 발음에서 떠올릴 것이 없다면 한글의 형태(ㄱ, ㄴ, ㄷ 등)를 활용해도 좋다. 이를 의미 변환에 덧붙인다.

새로운 개념을 배울 때는 빨리 익숙해져야 한다. 보통 사람들은 용어가 낯설면 내용도 어렵다고 느껴서 흥미를 잃기 때문이다. 다중 변환으로 어려운 용어를 즐겁게 흡수하는 습관을 만들어 보자.

11장

당신은 평생
최소 100번의
시험을 본다

학교 시험의 핵심은 암기다

시험에서 암기가 중요하다는 사실은 누구도 부정할 수 없다. 아무리 이해를 잘해도 시험지 앞에서 정답이 떠오르지 않는다면 어떨까? 정해진 기간 동안 여러 과목을 학습하고 외워야 하는 수험생에게 암기는 매우 중요할 수밖에 없다.

학교 공부가 어렵고 부담스러운 이유는 무작정 외우려고 하기 때문이다. 기적의 암기법을 적용하면 마치 퀴즈를 푸는 것처럼 즐겁고 가벼운 마음으로 시험공부에 임할 수 있다. 공부라는 생각은 잠시 내려놓고 난센스 퀴즈를 푼다고 생각하면 어떨까? 우리의 뇌가 즐겁게 반응할 수 있는 환경을 만들고 정보들과 친해지는 과정이라고 생각해 보자.

이번 장에서는 앞서 익힌 암기법을 여러 가지 학습 소재에 적용해 볼 것이다. 영단어, 국어 맞춤법, 통째로 외우는 문장 암기법, 원소 기호까지 학교 공부에 적용할 수 있는 것들을 모았다.

기적의 암기법은 시험공부의 보조 바퀴 역할을 톡톡히 해 줄 것이다. 여기에 전반적인 내용 이해와 꾸준한 학습이 동반된다면 더욱 빛을 발한다는 점을 명심하자.

영포자도 외운다 _영단어 암기법

뭐니 뭐니 해도

암기의 끝판왕은 영단어가 아닐까?

하지만 뒤돌아서면 까먹는다.

영단어도 마치 얼굴과 이름처럼

이현정

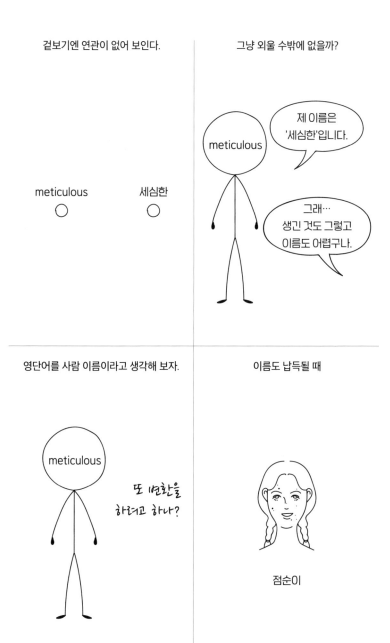

바로 떠오르는 것처럼

영단어도 그 기원을 이해하면

점순이

afternoon - 오후

더 쉽게 외울 수 있다.

하지만 이런 단어들은

afternoon   오후

after: ~후에
noon: 정오

remorse - 자책감

납득이 안 된다.

이럴 땐 두 가지 방법이 있다.

remorse   자책감

왜 이 뜻일까?

① 납득할 근거를 찾아내거나

② 내가 만들어 내거나

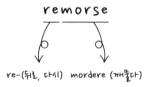

re-(뒤로, 다시)   mordere (깨물다)

remorse
"리모스"   니 못쓰겠다!

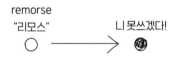

자책할 땐 입술을 뒤로 당겨
물어뜯으니까!

어떤 방법이 더 좋을까?	어원을 안다면

하나만 알아도	여러 단어를 분석할 수 있다.

review

—

re는 '뒤로' 혹은 '다시'의
의미가 있지!

re view
re write
re play
re start

숫자를 미리 정해 두면

숫자	이미지
00	소방관
01	금메달
02	공이찧기
03	김영삼
...	...

변환 속도가 빨라지는 것처럼

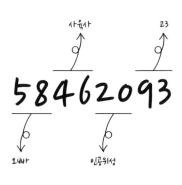

어원을 많이 알수록

영어	뜻
Re	뒤로, 다시
Pre	미리
Man	손
Voc	부르다
...	...

변환과 연결이 쉬워진다.

하지만 모든 암기법이 그렇듯이

정해진 대로 변환하기보다

1592
임진왜란

1592 - 임진왜란

나에게 쉬운 방법을 쓰도록 하자.

단어에 따라

1592
일오구 이

이러고(일오구) 있(이)을 때가 아니다

director

transfer

adverse

provoke

perjury

나의 수준에 따라

맞는 방법이 다르다.

토익 500점

토익 900점

숨겨진 어원을 찾아봐도

어렵다면

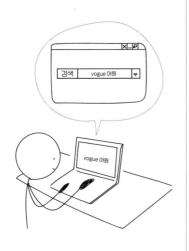

내 입맛대로 바꿔 보자.

Vogue "보그"

보그 → 보고 보고
       자꾸 보고

우리의 최종 목표는

보고 보고
자꾸 보고   유행

롱패딩이 유행인가?

연결하는 것이다.

모로 가도 연결만 하자

처음 보는 단어를 만난다면?

equivocal - 모호한

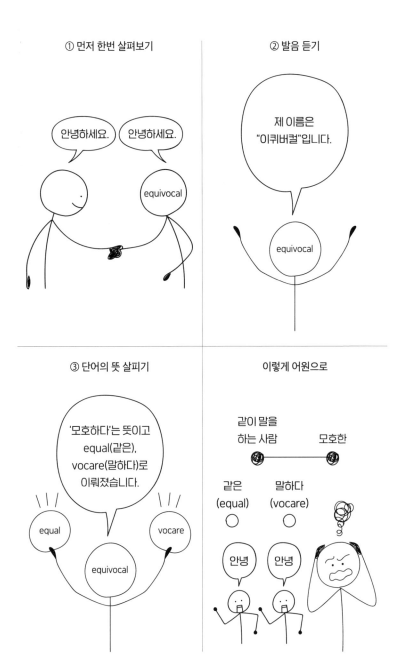

연결할 수 있다.

어원이 와닿지 않으면

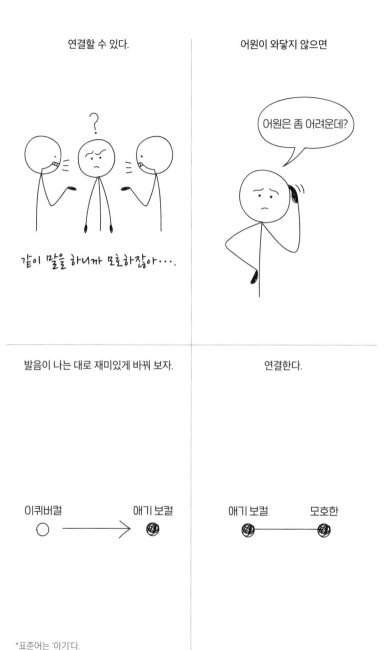

발음이 나는 대로 재미있게 바꿔 보자.

연결한다.

이퀴버컬

애기 보컬

애기 보컬

모호한

*표준어는 '아기'다.

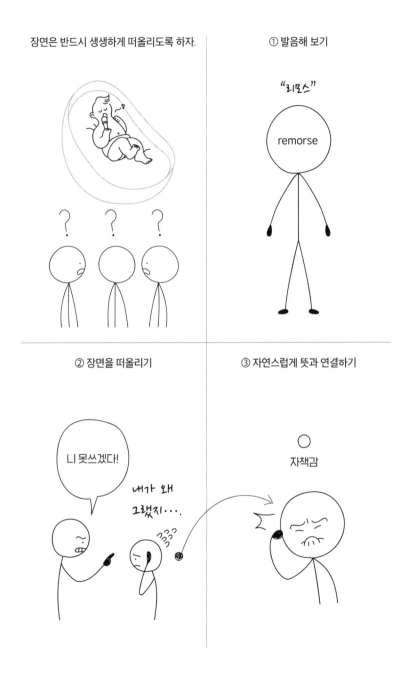

복습해 보자.

발음을 해 보고 떠오르면 성공이다.

Q. equivocal 의 뜻은?

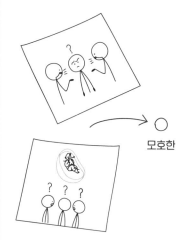

모호한

"이퀴버컬"

주의할 점이 있다.

발음과 의미 둘 다 변환하지 않으면

hindrance - 힌드런스

힘들었으!

hindrance

검색 결과   ○○○

hindrance
1. 방해(요인), 장애(물)

뜻을 잘못 외울 수도 있다는 점.

또한 문장으로 만드는 것보다

hindrance - 힌드런스

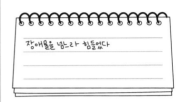

최대한 이미지를 떠올리자.

모르는 사람도 자주 만나면

자연스럽게 이름을 외우는 것처럼

영단어도 마찬가지다.

(첫 번째 만남)

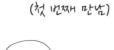

자주 접하면서

가까워져야 한다.

기억의 궁전에 넣어 두고

여러 번 만나도 좋다.

[외워 봅시다 ①]

어원을 찾아본다.

hazard - 위험

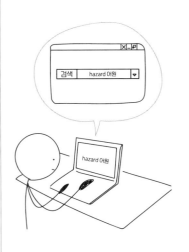

찾아봐도 어렵다.

별 도움이 안 된다면

언어학자가 된
기분이야.

이번엔 발음을 해 보자.

이렇게 생각해서

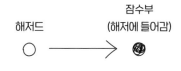

잠수부
해저드   (해저에 들어감)

[haezerd]
"해저드"

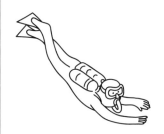

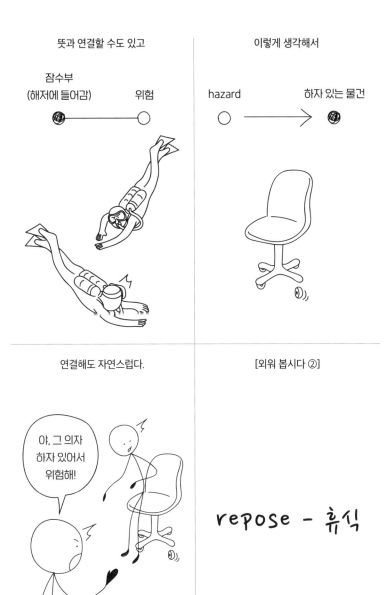

어원을 찾아본다.

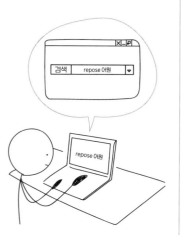

찬찬히 살펴보고

검색 결과 ○○○

repose

re-(back, away) + pose (put, place)
접두사 re- 와 pose가 합쳐짐. re- 는 '뒤로',
pose는 '두다, 놓다' 라는 뜻.

납득이 되면

뒤로　　　두다
(re-)　　(pose)
○　　　○

몸을 뒤로　　　휴식

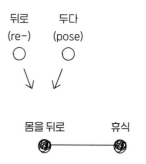

연결이 된다.

몸을 뒤로　　　휴식

[외워 봅시다 ③]

어원을 찾아본다.

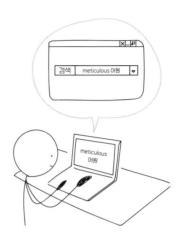

meticulous - 세심한

여유를 갖고 읽어 보자.

어원이 어렵다면

검색 결과   ○○○

meticulous

라틴어 meticulous에서 온 것으로, 이는 metus
에서 왔는데 겁(fear)을 뜻하며, 이 의미가 세부
사항에 지나치게 걱정한다는 의미로 확장되어
지금 단어가 가진 의미가 됨.

"메티큘러스"

발음 변환을 시도해 보자.

그리고 뜻과 연결한다.

메티큘러스 → 매니큐어

메니큐어 — 세심한

수많은 영단어를 외워야 한다면

이렇게 퀴즈처럼 풀어 보는 건 어떨까?

vogue
review
meticulous
repose
hazard
transfer
hindrance
remorse
equivocal

다음 단어를 의미, 발음, 어원 등을 이용하여 외워 보세요.

① nimble-민첩한, 재빠른
- 발음: 님블
- 어원: 고대 영어 næmel(빠르게 잡다, 빠르게 이해하다)에서 유래됨

② lavish-사치스러운, 호화로운
- 발음: 래비쉬
- 어원: 라틴어 lavare(씻다)에서 유래됨

③ timid-소심한
- 발음: 티미드
- 어원: 라틴어 tímĭdus(두려움)에서 유래됨

④ mandate-권한, 통치 기간
- 발음: 맨데이트
- 어원: 라틴어 manus(손), dare(주다)에서 유래됨

해답

① nimble-민첩한, 재빠른

님, 벌　　　　　재빠른

님, 벌처럼
재빠르시네요!

② lavish-사치스러운, 호화로운

내 빚이야　　　　사치스러운

이 명품,
내 빚이야.

③ timid-소심한

timid   TV, 미드

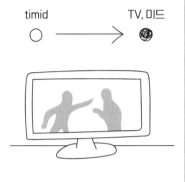

*미드: 미국 드라마

TV, 미드   소심한

> 저기…
> TV로 미드
> 봐도 돼요?

④ mandate-권한, 통치 기간

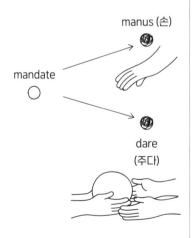

manus (손)

mandate

dare
(주다)

*manual(수동)의 어원도 'manus'이다.

장갑을 전달   권한

> 당신에게 통치 권한을
> 드립니다.

*어원이 어렵다면 man(남자), date(기간)로 분
리해서 '그 남자의 통치 기간'으로 외워 보자.

이제는 헷갈리지 않는다 _한글 맞춤법

봐도 봐도 헷갈리는 맞춤법.

헷갈리지 않으려면

베게 베개
곰곰이 곰곰히
희한하다 희안하다
금세 금새
제사날 제삿날

① 희한하다
② 희안하다

선택의 순간!

기억의 단서가 필요하다.

단서를 직접 만들어 보자.

기억할 정보   ?

기억할 정보   힌트

마치 탐정처럼

단어를 꼼꼼히 살피고

특이한 부분을 찾아내서

기억의 단서를 만든다.

기억의 단서는

선택의 순간에 힌트가 된다.

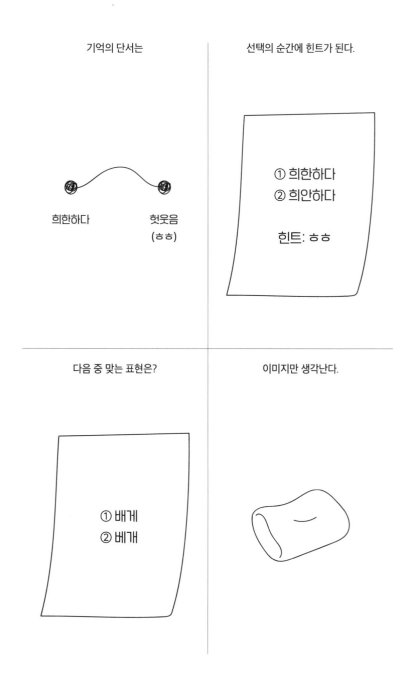

희한하다　　　　헛웃음
　　　　　　　　(ㅎㅎ)

① 희한하다
② 희안하다

힌트: ㅎㅎ

다음 중 맞는 표현은?

이미지만 생각난다.

① 배게
② 베개

단서가 없으면 만들자.

베개의 '개'를 이미지로 변환하고

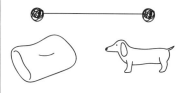

베개와 개를 하나의 장면으로 떠올린다.

힌트가 생기니 헷갈리지 않는다.

① 배게
② 베개

힌트: 누워 있는 개

다음 중 맞는 표현은?

① 틈틈히
② 틈틈이

정답은 '틈틈이'다.

① 틈틈히
∨ ② 틈틈이

맞춤법은 디테일이 핵심이다.

틈틈히

틈틈이

정답을 유심히 살펴보고

단서가 될 만한 정보를 캐낸다.

그리고 연결한다.

틈틈이
[부사]
틈이 난 곳마다

비슷한 다른 단어가 있다면

틈틈이 이를 깨끗이~

같은 규칙을 적용할 수 있다

깨끗이

한 장면으로 두 개의 맞춤법을 외웠다.

틈틈이

깨끗이

그렇다면 이건 어떨까?

① 곰곰이
② 곰곰히

구분법을 봐도

검색 결과 ○○○

1. '-히'가 오는 경우

: 뒤에 '-하다'를 넣어 말이 될 경우.

2. '-이'가 오는 경우

ㄱ. '-하다'로 끝나는 형용사 끝소리가 'ㄱ' 혹은 'ㅅ'받침일 때.

ㄴ. 'ㅂ'어근을 가진 형용사에서 'ㅂ'이 빠질 때.

ㄷ. 첩어(같은 단어 반복) 또는 준첩어(알록달록처럼 비슷하게 반복) 뒤.

ㄹ. 부사 뒤.

잘 모르겠다.

나는 지금
곰곰이 생각하는 건가
곰곰히 생각하는 건가?

곰곰하다?
말이 되는 건가….

정답은 '곰곰이'다.

이럴 땐 역시 암기법을 이용하자.

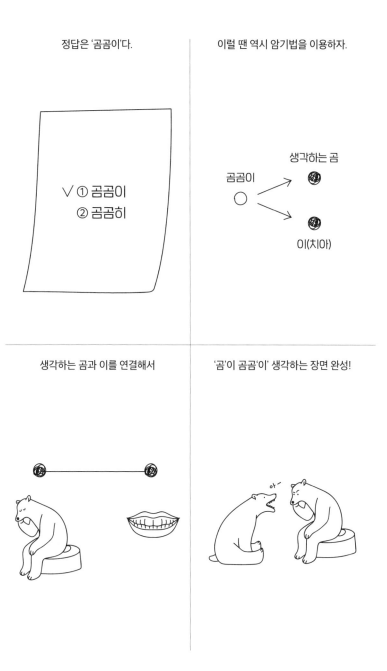

생각하는 곰과 이를 연결해서

'곰'이 곰곰'이' 생각하는 장면 완성!

이것도 맞힐 수 있을까?

① 꼼꼼이
② 꼼꼼히

정답은

① 꼼꼼이
✓ ② 꼼꼼히

이건 조금 납득되는 것 같다.

'꼼꼼하다'니까
'꼼꼼히'구만!

하지만 헷갈릴 수도 있으니

시험장만 오면
더 헷갈려….

1. 꼼꼼이
2. 꼼꼼히
답:

'곰곰이'에서 단서를 찾아보자.

두 단어의 차이점을 살펴보니

곰 곰 이
꼼 꼼 히

연결이 가능할 것 같다.

재미있는 상상을 더하자.

현미경으로 본 모습

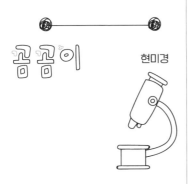

현미경

'곰곰이'를 꼼꼼히 보니까
'꼼꼼히'였네!

*글자 자체를 이미지로 생각한다.

이건 어떨까?

무엇이 맞는 표현일까.

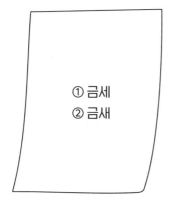

정답은 '금세'다.

변환을 활용해 보자.

[부사] 지금 바로.
'금시에'가 줄어든 말로
구어체에서 많이 사용된다.

셋?

금세

금?

'금세'를 뒤집으면 '세금'이 된다.

이 둘을 연결하면

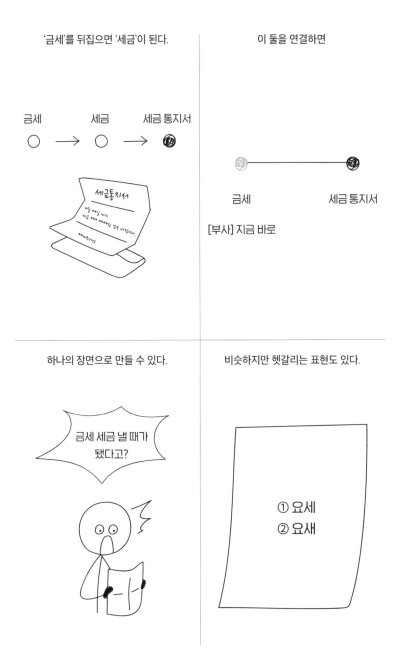

금세 → 세금 → 세금 통지서

금세 ———— 세금 통지서

[부사] 지금 바로

하나의 장면으로 만들 수 있다.

금세 세금 낼 때가
됐다고?

비슷하지만 헷갈리는 표현도 있다.

① 요세
② 요새

먼저 뜻을 찾고 단서를 수집한다.	단서 수집 ①

검색 결과 ○○○

요새
[명사] '요사이(이제까지의 매우 짧은 동안)'의
준말.

*요사이의 준말이 요새.

단서 수집 ②	단서 수집 ③

정보를 촘촘하게 연결해서	하나의 장면을 만들면

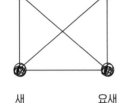

요새, 요새 사이로
새가 자주 날아다녀~

잊어버릴 일이 없다.	복습해 봅시다.

① 희한하다 ② 희안하다

① 배게 ② 베개

① 틈틈히 ② 틈틈이

① 깨끗이 ② 깨끗히

① 곰곰이 ② 곰곰히

① 꼼꼼이 ② 꼼꼼히

① 금세 ② 금새

① 요세 ② 요새

그물망처럼 튼튼하네

맞춤법 중에서 '사이시옷' 표기는 정말 헷갈린다.

결과값 결괏값
회수 횟수
인사말 인삿말
전세방 전셋방

어떻게 기억할 수 있을까?

야, 너 낄 때 껴라!

사이시옷의 규정은 이렇다.

검색 결과   ○○○
1. 두 단어가 합해져서 하나의 단어가 된 것.
2. 그 두 단어 중 하나는 반드시 고유어일 것.
3. 원래에는 없었던 된소리가 나거나 'ㄴ'소리가
   덧날 것.

규정에 따라서

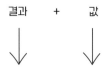

결과   +   값

한자어   순우리말

소리: [결과깝 / 결괃깝]

조건 1번, 2번, 3번 만족

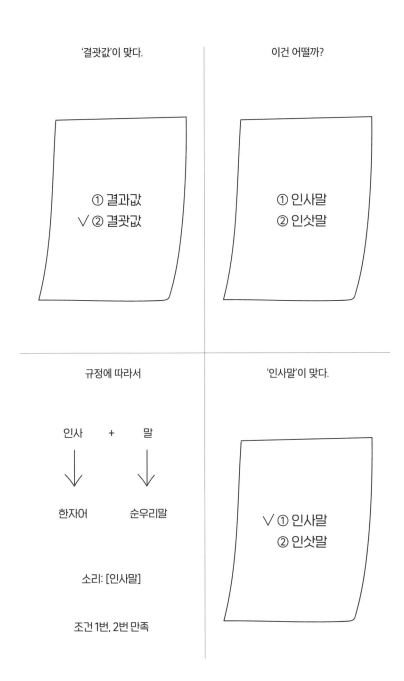

'결괏값'이 맞다.

이건 어떨까?

① 결과값
∨ ② 결괏값

① 인사말
② 인삿말

규정에 따라서

'인사말'이 맞다.

인사 + 말

↓ ↓

한자어 순우리말

소리: [인사말]

조건 1번, 2번 만족

∨ ① 인사말
② 인삿말

더 쉬운 방법은 없을까?

사이시옷을 고깔모자로 만들면 어떨까.

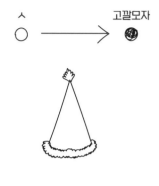

이 과정을 '정형화'라고 하는데

'인사말'에는 사이시옷이 없으므로

규칙 만들기

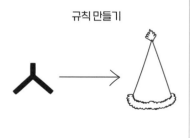

장면을 떠올리면 쉽게 맞힐 수 있다.

✓① 인사말
② 인삿말

인사하다가 모자가 떨어지면
사이시옷이 없겠네!

이 둘을 잘 연결해서

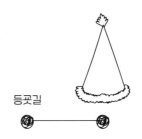

등굣길

하나의 장면으로 상상한다.

[헷갈리는 표현 ①]

① 전세방
② 전셋방

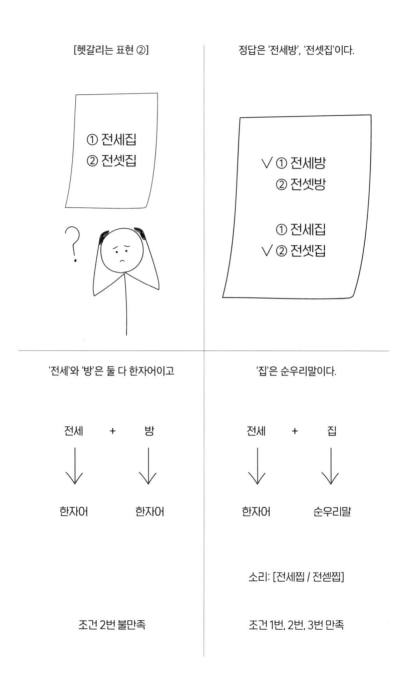

[헷갈리는 표현 ②]

정답은 '전세방', '전셋집'이다.

① 전세집
② 전셋집

∨ ① 전세방
② 전셋방

① 전세집
∨ ② 전셋집

'전세'와 '방'은 둘 다 한자어이고

'집'은 순우리말이다.

전세 + 방

전세 + 집

↓ ↓

↓ ↓

한자어 한자어

한자어 순우리말

소리: [전세찝 / 전섿찝]

조건 2번 불만족

조건 1번, 2번, 3번 만족

기억법을 적용해 보자.

집과 고깔모자를 연결한다.

전세방 → 방

전셋집 → 집

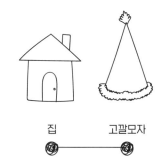
집   고깔모자

집에 들어갈 땐 모자를 쓰고

방으로 들어가면 벗는다.

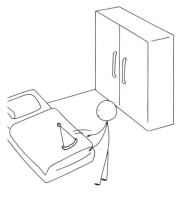

그런데 예외가 있다.

다음 6가지 한자어는 사이시옷이 들어간다.

셋방(貰房)
곳간(庫間)
툇간(退間)
숫자(數字)
찻간(車間)
횟수(回數)

한자어   한자어

6개만 기억해 보자

---

① 연쇄적으로 연결하기

셋방 곳간 툇간 숫자 찻간 횟수

○─○─○─○─○─○

셋방에 있다가 배가고파
곳간에 숨겨둔 빵 먹고
툇간에 딸린 기둥
숫자를 세다가 심심해서
찻간에 올라선지도
횟수로 6번째다

*문장보다 장면을 떠올리는 것이 좋다.

② 기억의 궁전 활용하기

셋방   방석 3개   장소 1

○   →   ◉ ————— ◉

예) 장소가 신발장인 경우

신발장에 방석 3개가!

③ 단순화하기

셋방   곳간   툇간   숫자   찻간   횟수

○   ○   ○   ○   ○   ○

앞 글자만 따서 외운다.

서양교육사
15C 인문주의
•개인적 인문주의
•사회적 인문주의
•키케로주의

"개사키" ⟶ 사기꾼

여러 가지 조합을 시도한다.

가장 말이 되는 것을 골라서

셋방　곳간　툇간　숫자　찻간　횟수
○　　○　　○　　○　　○　　○

찻곳횟숫툇셋

숫툇셋횟곳찻

찻툇곳셋횟숫

찻툇곳셋숫횟
○

쉽게 변환해 보자.

"차 타고 세수해."

찻툇곳셋숫횟　　　　차타고 세수해
○　　　　──→　　⊚

"차 타고 세수해"와 고깔모자를 연결해서

차 타고 세수해   고깔모자

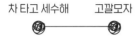

하나의 장면으로 떠올린다.

다시 원래 단어로 인출해 보자.

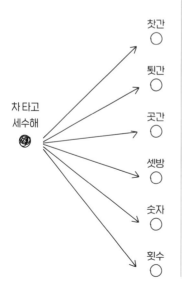

차 타고
세수해

찻간 ◯

툇간 ◯

곳간 ◯

셋방 ◯

숫자 ◯

횟수 ◯

복습해 봅시다.

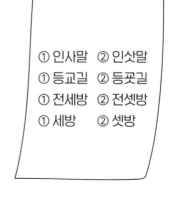

① 인사말   ② 인삿말
① 등교길   ② 등굣길
① 전세방   ② 전셋방
① 세방   ② 셋방

① **몇 일** ② **며칠** 지났지?

① **위층** ② **윗층**에서 나는 소리

① **위집** ② **윗집**에서 나는 소리

① **그럴려고** ②**그러려고** 그런 게 아닌데….

① **눈살** ② **눈쌀**을 찌푸리다.

정답을 ① **맞추다** ② **맞히다**

정답) ②, ①, ②, ②, ①, ②

해답

1. 며칠 지났지?

며칠　　　　　　 멸치

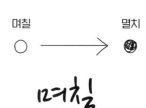

며칠　　　　　　 멸치

몇 날 며칠째
멸치만 나오는겨~

2. 위층에서 나는 소리

위층　　　꼬깔모자

ㅅ안녕~

해답

3. 윗집에서 나는 소리

윗집   꼬깔모자

4. 그러려고 그런 게 아닌데….

그러려고   고려러그

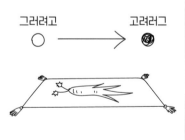

그러려고   고려러그

그러려고 고려 러그를
사온 게 아닌데….

해답

5. 눈살을 찌푸리다.

살

눈살 찌푸림   살

눈살을 찌푸리려면
눈 위에 살이 있어야지.

6. 맞히다

맞히다 → 마치다

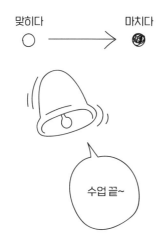

수업 끝~

정답 맞히다   마치다

정답 맞히면
수업 마칠게~

서술형 시험부터 면접까지 _문장 암기법

가장 암기하기 어려운 건 뭘까?	바로 문장 아닐까?
870673058 태정태세문단세 memories	모든 국민은 인간으로서의 존엄과 가치를 가지며, 행복을 추구할 권리를 가진다. 국가는 개인이 가지는 불가침의 기본적 인권을 확인하고 이를 보장할 의무를 진다. **헌법 제10조**
토씨 하나 틀리지 않고	문장을 전부 기억하기란 어렵다.

건물을 지을 때도

순서가 있다.

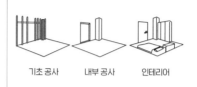

기초 공사　　　내부 공사　　　인테리어

큰 공사일수록 차근차근 진행한다.

먼저 기둥을 세운다.

대공사가 되겠군.

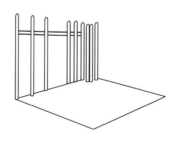

다음 문장을 외워야 한다면

먼저 키워드부터 선정하고

공무원의 신분과 정치적 중립성은
법률이 정하는 바에 의하여 보장된다.
헌법 제7조 2항

공무원의 신분과 정치적 중립성은
법률이 정하는 바에 의하여 보장된다.
헌법 제7조 2항

키워드를 쉬운 이미지로 변환한다.

① 신분

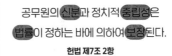

신분
중립성
법률
보장

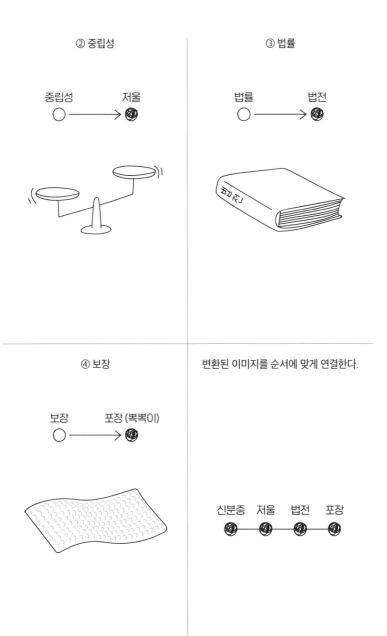

② 중립성

중립성 저울

③ 법률

법률 법전

④ 보장

보장 포장 (뽁뽁이)

변환된 이미지를 순서에 맞게 연결한다.

신분증 저울 법전 포장

*적은 분량은 기억의 궁전을 쓰지 않는다.

이미지를 차근차근 떠올리면서

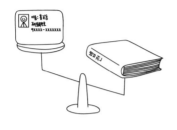

영상을 만들어 보자.

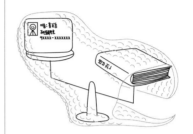

기둥을 바탕으로

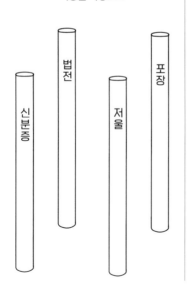

원래 외워야 할 문장을 인출한다.

신분과 중립성…
법률… 보장한다….

기둥을 먼저 세우고

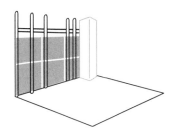

내부 공사를 진행하는 것처럼

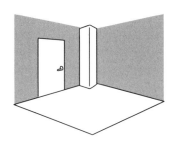

문장을 두 번 정도 반복하며 외워 본다.

이때 자주 틀리는 표현에 주목하자.

빠뜨리는 부분을 변환해서

가까운 기둥에 붙인다.

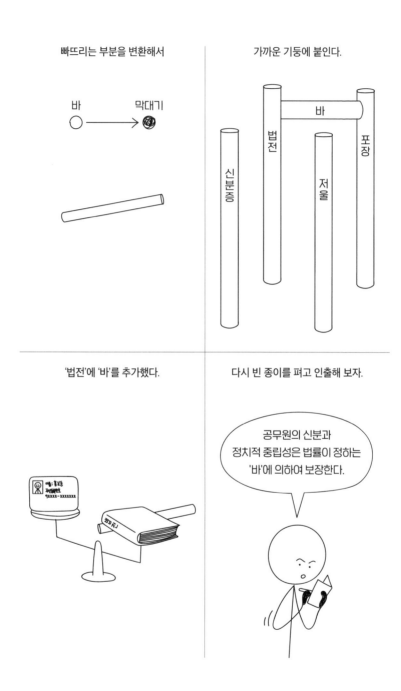

바 → 막대기

바

법전

포장

신분증

저울

'법전'에 '바'를 추가했다.

다시 빈 종이를 펴고 인출해 보자.

공무원의 신분과
정치적 중립성은 법률이 정하는
'바'에 의하여 보장한다.

자주 틀리는 부분을 짚어 가다 보면

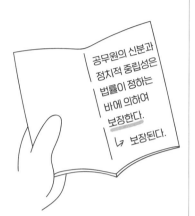

어느새 멋진 건물이 완성돼 있을 것이다.

만약 외워야 할 정보가 많다면

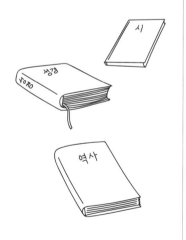

기억의 궁전법을 활용하자!

*장소는 '5장 기억의 궁전'의 ①신발장~⑥청소기
를 사용했다.

이렇게 긴 문장도 키워드부터 시작해서

순서대로 외우면 된다.

나는 지혜를 왕홀과 왕좌보다 더 좋아하고 지혜에 비기면 많은 재산은 아무것도 아니라고 생각하였으며 값을 헤아릴 수 없는 보석도 지혜와 견주지 않았다.

성경 지혜서 7장 8, 9절

1. 지혜
2. 왕홀과 왕좌
3. 비기면
4. 많은 재산
5. 값을 헤아릴 수 없는 보석
6. 견주지 않았다

쉬운 이미지로 변환해서!

'지혜'는 번쩍이는 '전구'로

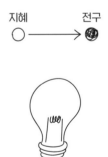

지혜 → 전구

'왕홀과 왕좌'는 '구멍(hole)이 난 의자'로

왕홀과 왕좌 → 구멍 난 의자

*유럽 군주의 권력과 위엄을 나타내는, 손에 드는 상징물.

'비기면'은 '비긴 상태'로 변환할 수 있고

'많은 재산'은 산처럼 쌓인 돈을 상상한다.

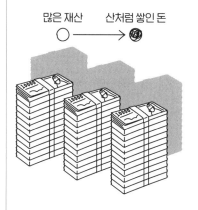

문자 그대로 시각화할 수도 있다.

값을 헤아릴 수 없는 보석

뭐든 내가 쉽게 외울 수 있으면 상관없다.

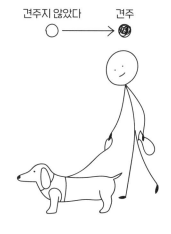

[기억의 궁전에 연결해 봅시다]

신발장 —— 전구

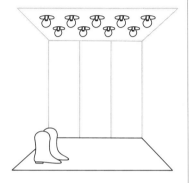

골프채 —— 구멍 난 의자

탁자 —— 가위바위보 비김

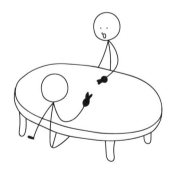

소파 —— 산처럼 쌓인 돈

에어컨 —— 보석

청소기 —— 견주

연결이 끝나면

키워드로 재변환하는 작업을 거친다.

장소   이미지

키워드

신발장	●—●	전구	⟶ ○ 지혜
골프채	●—●	구멍 난 의자	⟶ ○ 왕홀과 왕좌
탁자	●—●	가위바위보 비김	⟶ ○ 비기면
소파	●—●	산처럼 쌓인 돈	⟶ ○ 많은 재산
에어컨	●—●	보석	⟶ ○ 값을 헤아릴 수 없는
청소기	●—●	견주	⟶ ○ 견주지 않았다

이렇게 키워드를 외웠으니

○ 지혜

○ 왕홀과 왕좌

○ 비기면

○ 많은 재산

○ 값을 헤아릴 수 없는

○ 견주지 않았다

디테일을 잡아 갈 차례다.

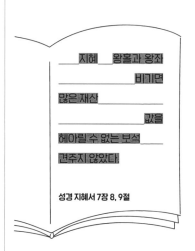

성경 지혜서 7장 8, 9절

키워드에 살을 붙여 반복하다 보면

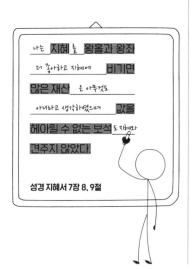

긴 문장 외우기도 두렵지 않다.

서시

윤동주

죽는 날까지 하늘을 우러러

한 점 부끄럼이 없기를,

잎새에 이는 바람에도

나는 괴로워했다.

별을 노래하는 마음으로

모든 죽어 가는 것을 사랑해야지

그리고 나한테 주어진 길을

걸어가야겠다.

오늘 밤에도 별이 바람에 스치운다.

서시

윤동주

① 죽는 날까지 ② 하늘을 우러러
한 점 ③ 부끄럼이 **없기를,**
④ 잎새에 이는 바람**에도**
나는 ⑤ 괴로워**했다.**
⑥ 별을 노래하는 **마음으로**
⑦ 모든 죽어 가는 것을 사랑**해야지**
그리고 ⑧ 나한테 주어진 길**을**
걸어가야겠다.

⑨ 오늘 밤**에도** ⑩ 별이 바람에 스치운다.

① 죽는 날(무덤)
② 하늘을 우러러 한 점(머리 위의 구름 한 점)
③ 부끄럼(얼굴이 빨개짐)
④ 잎새에 이는 바람(잎새가 바람에 펄럭임)
⑤ 괴로워(괴물이 고통스러워함)
⑥ 별을 노래(별 모양 마이크로 노래하기)
⑦ 모든 죽어 가는 것을 사랑(기절한 개구리)
⑧ 나한테 주어진 길(택배 안에 도로가 있음)
⑨ 오늘 밤(밤송이)
⑩ 별이 바람에 스치운다.(별이 실에 매달려 회전함)

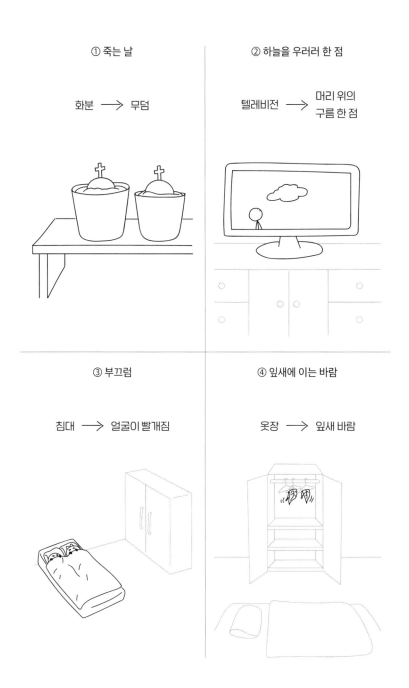

① 죽는 날

화분 ⟶ 무덤

② 하늘을 우러러 한 점

텔레비전 ⟶ 머리 위의 구름 한 점

③ 부끄럼

침대 ⟶ 얼굴이 빨개짐

④ 잎새에 이는 바람

옷장 ⟶ 잎새 바람

⑤ 괴로워

화장대 ⟶ 괴물

⑥ 별을 노래

변기 ⟶ 별 노래

⑦ 모든 죽어 가는 것을 사랑

세면대 ⟶ 기절한 개구리

⑧ 나한테 주어진 길

욕조 ⟶ 택배

⑨ 오늘 밤

냉장고 ⟶ 밤송이

⑩ 별이 바람에 스치운다.

식탁 ⟶ 별 바람

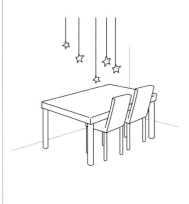

자주 틀리는 부분은 보강하고

*'그리고'를 자꾸 빼먹는다면 욕조에 앉아 그림
 을 그리는 모습을 더한다.

반복해서 연습하자.

완벽하려면 빈틈을
잘 메워야 해!

과학도 암기가 필요하다 _ 원소 기호

공부할 때 어려운 것은

처음 보는 쌍을 기억하는 일이다.

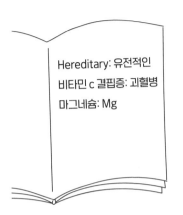

Hereditary: 유전적인

비타민 c 결핍증: 괴혈병

마그네슘: Mg

원소 기호가 대표적인 예다.

수소: H
헬륨: He
리튬: Li
베릴륨: Be
붕소: B
탄소: C
질소: N
산소: O

...

어떻게 하면 쉽게 기억할 수 있을까?

얼굴과 이름 외우기와 마찬가지로

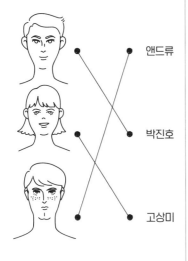

앤드류

박진호

고상미

원소 기호와 이름을 연결해야 한다.

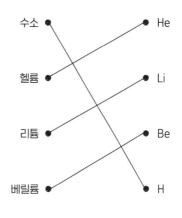

수소

헬륨

리튬

베릴륨

He

Li

Be

H

기호와 이름이 있다.

원소 기호　　　　　원소 이름
　　○　　　　　　　　○

쉽게 연결되는 것도 있지만

AI 알루미늄

암기법이 굳이 필요 없다.

아닌 것이 더 많다.

모든 사람이 영어를 잘 알지는 못한다.

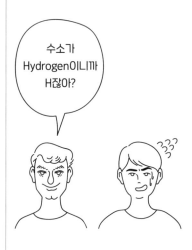

H 수소

모르는 것을 100번 쓰지 말고

H 수소 H 수소 H 수소
H 수소 H 수소 H 수소
H 수소 H 수소 H 수소
H 수소 H 수소 H 수소
H 수소 H 수소 H 수소

연결을 만들어 보자.

H ⎯ ⎯ ⎯ ⎯ ⎯ ⎯ 수소

우선 변환이 필요하다.

예를 들어 'H'는 사다리 모양으로 변환하고

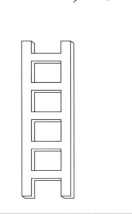

이 간단한 철자를 어떻게?

'수소'는 수소(수컷 소)로 변환한다.

변환된 것을 한 장면으로 떠올린다.

사다리를 타고 올라가는 수소

아니면 이렇게도 할 수 있다.

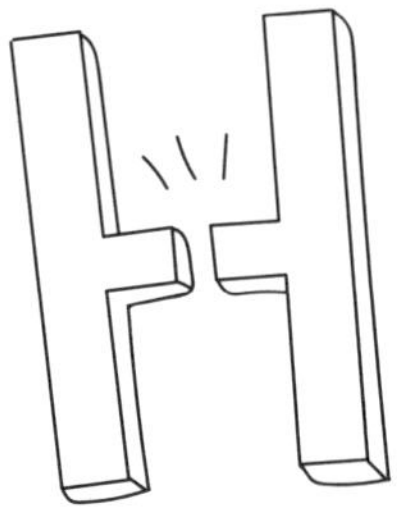

이름을 변환하지 않아도

수소

○

연결할 수 있다.

자음을 떼서 보면 된다.

ㅐ   수소

어디가 보인다는 거야?

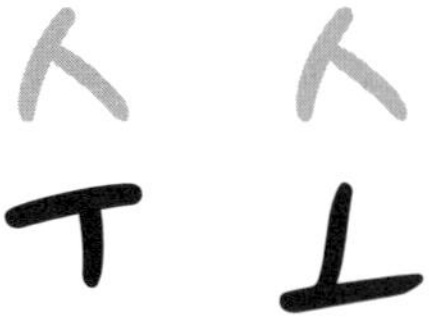

글자도 그림처럼 보면 | 변환 없이도 연결이 쉽다.

수소

  수소

이건 어떨까. | 어떻게 변환하면 좋을지 고민해 보자.

Fe 철

Fe ◯‐ ‐→ 🌸 ?

철 ◯‐ ‐→ 🌸 ?

철은 진짜 철로 바꿀 수 있는데

Fe는 어떻게 바꿀까?

철 →

Fe ◯ → ◉ ?

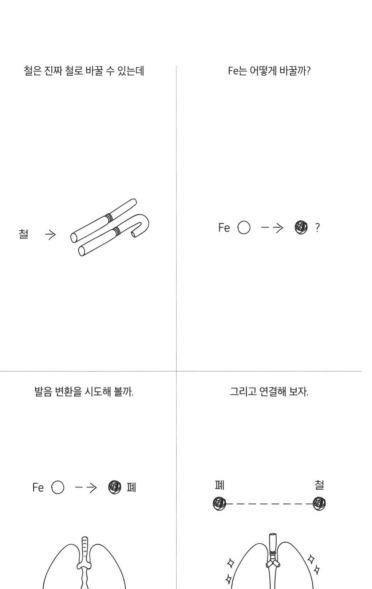

발음 변환을 시도해 볼까.

그리고 연결해 보자.

Fe ◯ → ◉ 폐

폐   철

철로 만든 폐라니 예술 작품인가···?

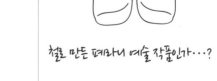

이런 방법은 어떨까.

둘 다 발음 나는 대로 하나로 합치면

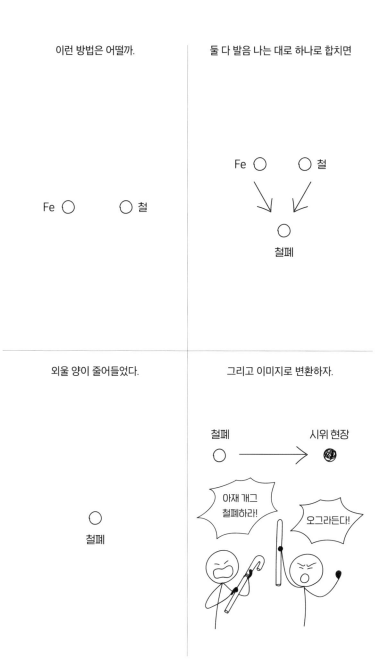

외울 양이 줄어들었다.

그리고 이미지로 변환하자.

기억법을 익히면

어려웠던 공부가 재미있는 퀴즈로 변한다.

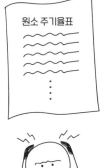

가벼운 마음으로 가지고 놀아 보자.

[금(Au)과 은(Ag)을 외워 봅시다]

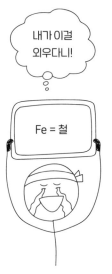

Au 금

Ag 은

차이를 살펴본다.

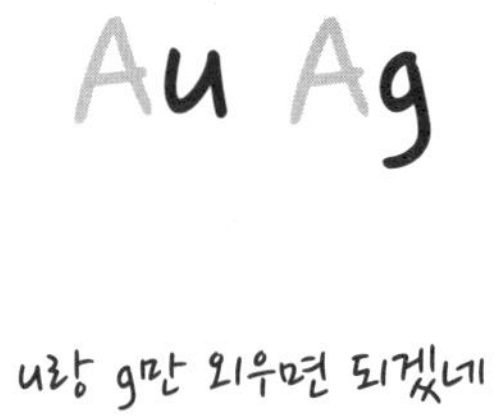

Au Ag

ㅁ랑 g만 외우면 되겠네

차이를 살펴본다.

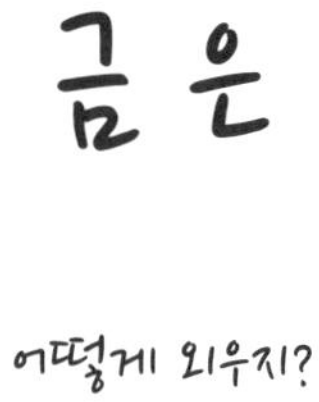

금 은

어떻게 외우지?

'은'을 뒤집어 보니

은 ⟿ 긍

쉬운 차이점을 발견했다!

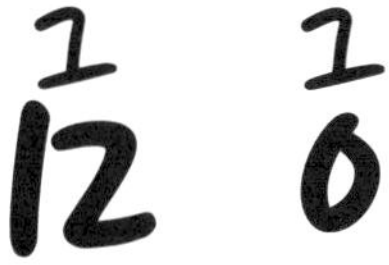

금 긍

'ㅇ'과 'g'의 동그라미를 연결할 수도

g로 '은'이라는 글자를 그려 볼 수도 있다.

은 〜 Ag

은

Ag의 원소 이름은?

그렇다면 이건 어떨까?

① 금 ② 은

P 인

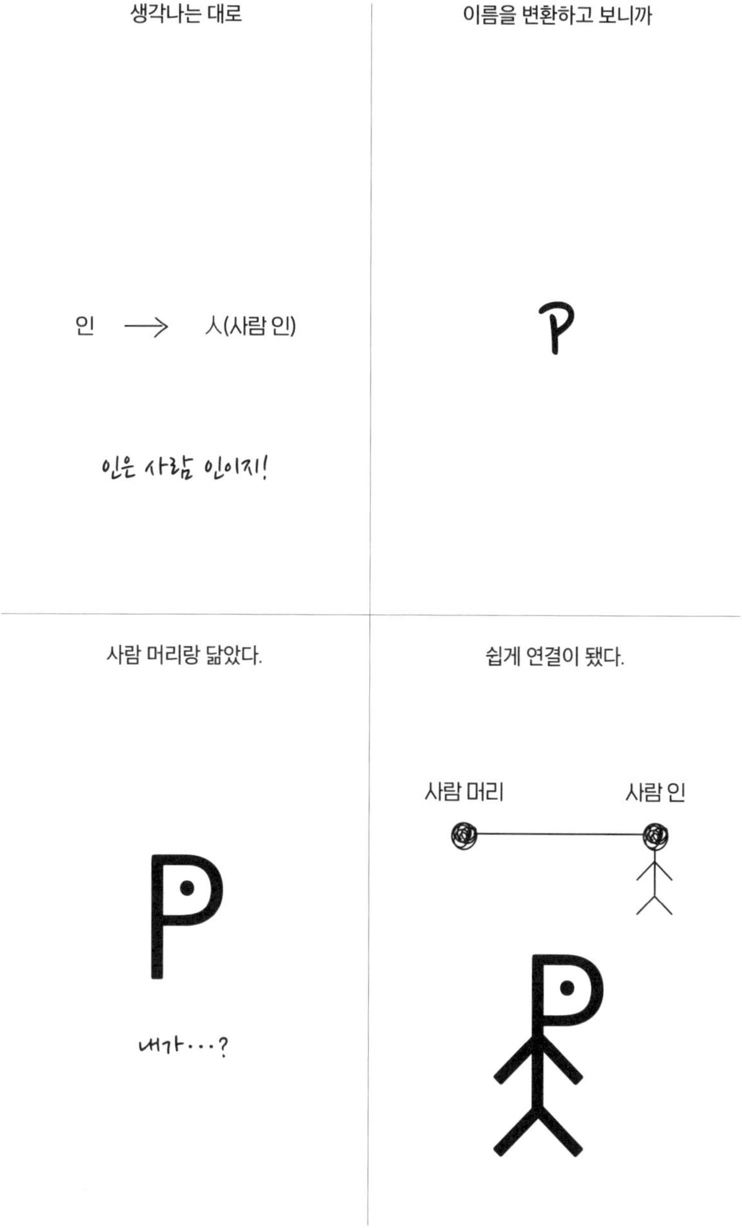

생각나는 대로

이름을 변환하고 보니까

인　⟶　人(사람 인)

인은 사람 인이지!

ᛈ

사람 머리랑 닮았다.

쉽게 연결이 됐다.

ᛈ

내가···?

사람 머리　　　　　　사람 인

하나만 더 해 보자.

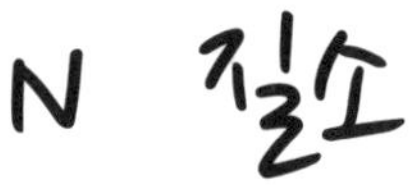

N 질소

여러 관점에서 생각해 보고

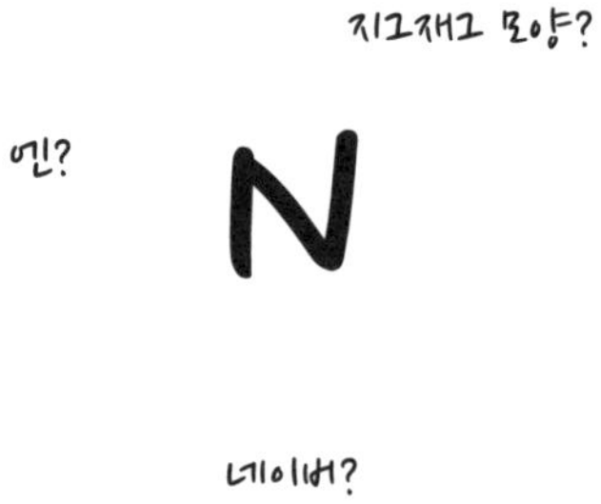

지그재그 모양?

연?

N

네이버?

나에게 가장 쉬운 방법으로 바꾸자.

N ⟶ Z

90도 회전 스킬

쉽게 연결이 된다.

질소
Z

처음에는

보조 바퀴를 붙여야 하지만

수소는 H ~
수소는 H ~

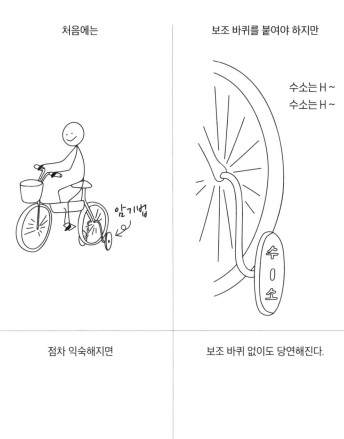

점차 익숙해지면

보조 바퀴 없이도 당연해진다.

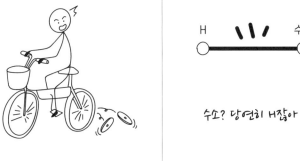

수소? 당연히 H잖아

원소 기호 심화편

원자 번호는 하나하나 세는 방법도 있지만

숫자 암기법을 응용해서

8

산소

순서와 원소 기호를 변환하고

8 ⟶ 눈사람

산소 ⟶ 산소통

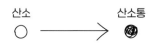

연결하면 더 빨리 떠올릴 수 있다.

눈사람   산소통

그렇다면 이런 경우는 어떨까?

이온 이름	이온식
수소 이온	1가 양이온
리튬 이온	1가 양이온
칼슘 이온	2가 양이온
납 이온	2가 양이온
철 이온	2가 양이온

일대일 연결이 아니라
그룹으로 외워야 한다면?

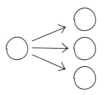

원소 기호에는 이온식이 있다.

수소 이온

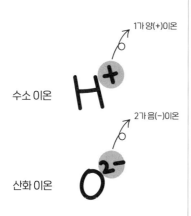

산화 이온

이온식은 쌍이 여럿이다.

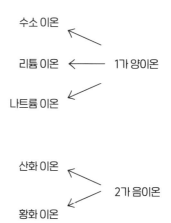

양이온은 원소 기호에 '+'가 붙고

H^+

Li^+

Na^+

K^+

Ca^{2+}

Pb^{2+}

음이온은 원소 기호에 '-'가 붙는다.

Cl^-

F^-

I^-

O^{2-}

S^{2-}

NO_3^-

양이온은 1가, 2가, 3가로 나뉜다.

1가	2가	3가
H^+	Ca^{2+}	Al^{3+}
Li^+	Pb^{2+}	
Na^+	Fe^{2+}	

음이온은 1가, 2가로 나뉜다.

1가	2가
Cl^-	O^{2-}
F^-	S^{2-}
I^-	

이것들은 다 어떻게 외울까?

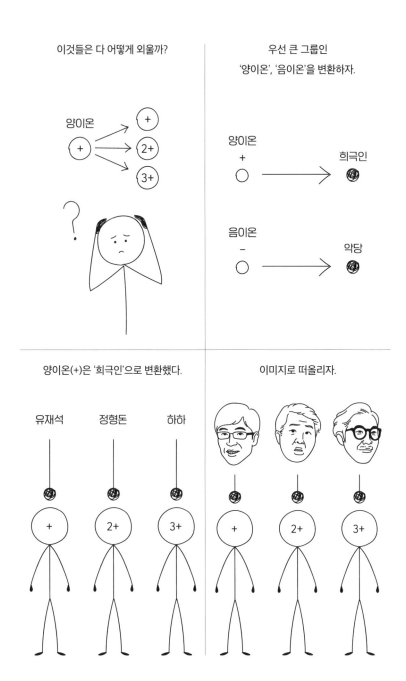

우선 큰 그룹인
'양이온', '음이온'을 변환하자.

양이온
+ ⟶ 희극인

음이온
– ⟶ 악당

양이온(+)은 '희극인'으로 변환했다.

유재석 정형돈 하하

+ 2+ 3+

이미지로 떠올리자.

+ 2+ 3+

음이온(-)은 '악당'으로 변환했다.

이미지로 떠올리자.

히틀러

이토
히로부미

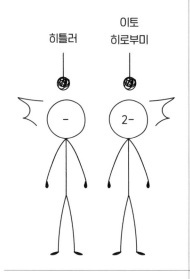

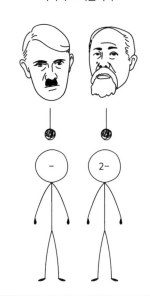

미리 변환하는 작업을 '정형화'라고 한다.

정형화는 틀을 만드는 작업이다.

희극인

양이온

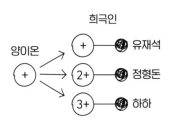

+ 유재석

2+ 정형돈

3+ 하하

악당

음이온

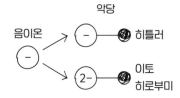

- 히틀러

2- 이토
히로부미

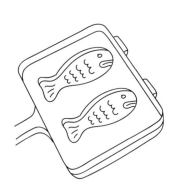

똑같이 생긴 붕어빵도

속이 전부 다른 것처럼

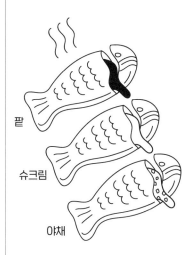

팥

슈크림

야채

같은 양이온도 1가, 2가, 3가로 나뉜다.

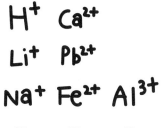

$$H^+ \quad Ca^{2+}$$
$$Li^+ \quad Pb^{2+}$$
$$Na^+ \quad Fe^{2+} \quad Al^{3+}$$

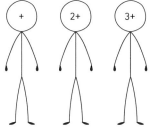

먼저 1가 양이온이다.

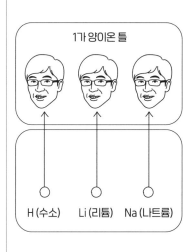

1가 양이온 틀

H (수소)   Li (리튬)   Na (나트륨)

① H(수소)

변환하고

H(수소) → 수소

유재석   H(수소)

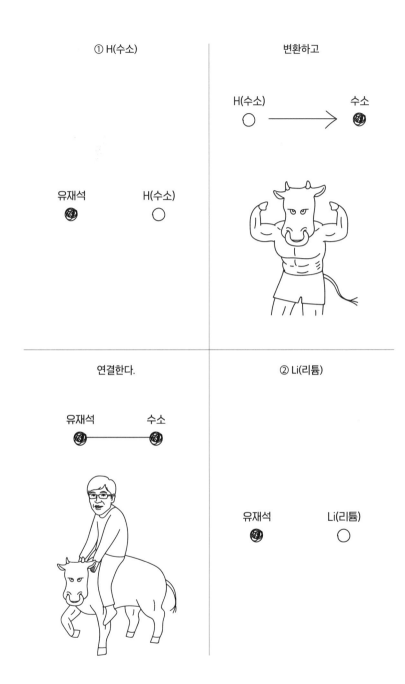

연결한다.

유재석 — 수소

② Li(리튬)

유재석   Li(리튬)

발음을 변환하고

Li(리튬) → 리듬 체조

연결한다.

유재석 ── 리듬 체조

정형화되어 연결이 쉽다.

리듬체조까지 별걸 다 시키네···.

③ Na(나트륨)

유재석   Na(나트륨)

의미를 변환하고

Na(나트륨) → 라면

연결한다.

유재석 — 라면

이미지로 변환한 덕분에 잘 떠오른다.

나트륨...

라면이니까 유재석! 1가 양이온!

나트륨은 몇 가 이온일까요~?

2가 양이온도 해 보자.

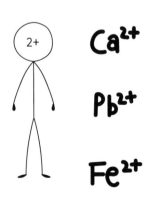

Ca^{2+}

Pb^{2+}

Fe^{2+}

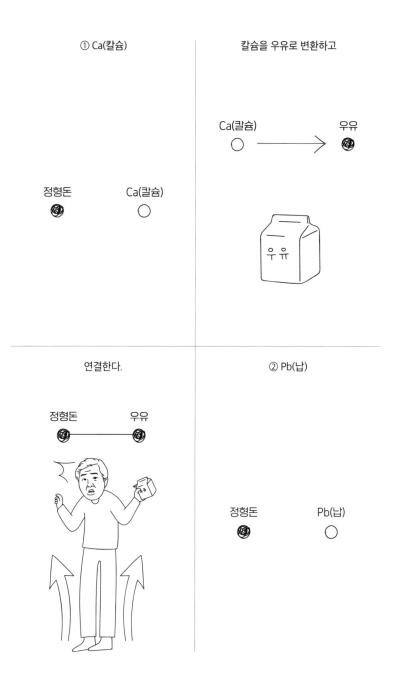

① Ca(칼슘)

칼슘을 우유로 변환하고

Ca(칼슘) → 우유

정형돈　　Ca(칼슘)

연결한다.

정형돈　　우유

② Pb(납)

정형돈　　Pb(납)

변환하고

연결한다.

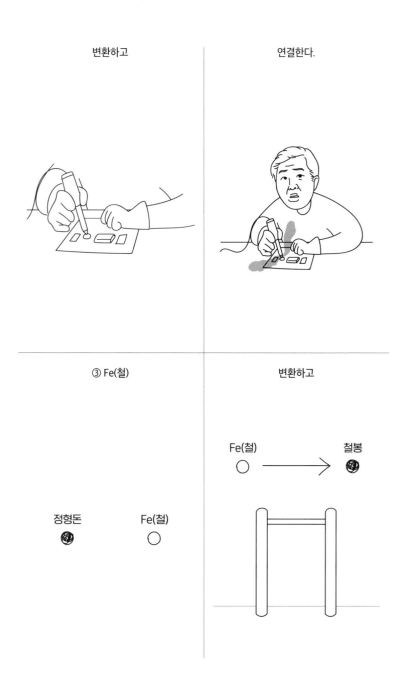

③ Fe(철)

변환하고

Fe(철)   철봉

정형돈   Fe(철)

장면을 만든다.

정형돈   철봉

3가 양이온도 재미있게 해 보자.

나도 할래.

3+

Al³⁺

① Al(알루미늄)

하하   Al(알루미늄)

변환하고

Al(알루미늄)   알루미늄 호일

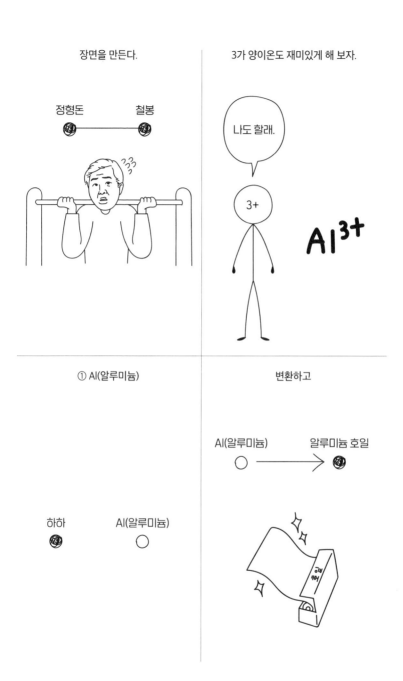

연결한다.

하하　　　알루미늄 호일

이제 이미지만 생각하면

시험 준비 완료!

철(Fe)은 이온화 상태에서
몇 가 이온입니까?

① 1가 양이온
② 2가 양이온
③ 3가 양이온

철(Fe)은 이온화 상태에서
몇 가 이온입니까?

이 세 가지 그룹은
정형화가 끝났기 때문에

① 1가 양이온
② 2가 양이온
③ 3가 양이온

문제가 훨씬 간단해진다.

② 2가 양이온

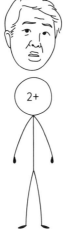

이온화 상태에서 1가 양이온을 띠는
원소를 모두 고르시오.

① 리튬
② 구리
③ 수소
④ 알루미늄

이온화 상태에서 1가 양이온을 띠는 원소를 모두 고르시오.

이 또한 문제가 간단해진다.

① 리튬
② 구리
③ 수소
④ 알루미늄

이미지가 떠오르니까

① 리튬
② 구리
③ 수소
④ 알루미늄

시험 준비 완료!

① 요오드(I)

② 수은(Hg)

③ 아연(Zn)

④ 칼슘(Ca) / 칼륨(K)

⑤ 황(S)

⑥ 납(Pb)

⑦ 염소(Cl)

⑧ 백금(Pt)

해답

① 요오드(I)

요오드 |

90도 회전 스킬

*요오드(I)는 Iodine이다.

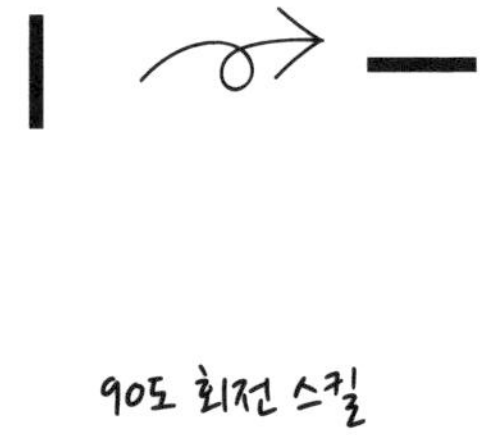

요오드

요오드

② 수은(Hg)

수은 Hg

수 소

은

*수은(Hg)은 Hydrargyrum이다.

H + Ag

Hg

③ 아연(Zn)

아연 Zn

아연 글자의 단순화

아연 → ㅇㅇㄴ

*아연(Zn)은 Zincum이다.

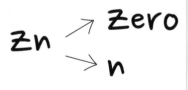

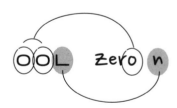

④ 칼슘(Ca) / 칼륨(K)

칼슘 Ca 칼륨 K

칼 슘
륨

*칼슘(Ca)은 Calcium, 칼륨(K)은 Kalium이다.

슘 → 슈 → 슈퍼

ca → car

슈퍼　　　Car

⑤ 황(S)

황 S

황
S ⟩⟩ 황소

*황(S)은 Sulfur이다.

황소

S 라인 황소

⑥ 납(Pb)

납 Pb

*납(Pb)은 Plumbum이다.

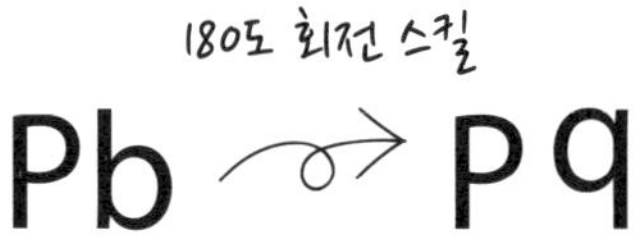

180도 회전 스킬

Pb ⟿ Pq

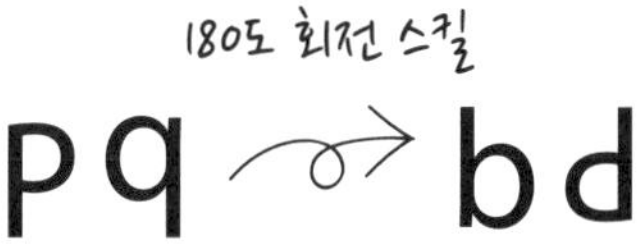

180도 회전 스킬

Pq ⟿ bd

나

bd

⑦ 염소(Cl)

염소   염소 볼
○ →

염소 Cl

*염소(Cl)는 Chlorium이다.

Cl   가수 CL
○ →

염소 볼   가수 CL
○ - - - -

⑧ 백금(Pt)

백금　　　　백곰

백금 Pt

*백금(Pt)은 Platinum이다.

Pt　　　　헬스 PT

백곰　　　　헬스 PT

12장

이런 것도 가능하다 1
_한국사 능력
검정 시험

외울 게 많을수록 암기법이 필요하다

한국사는 교과목일 뿐 아니라 많은 사람이 '한국사 능력 검정 시험'을 준비하며 공부하는 과목이다. 또한 한국의 역사가 오래된 만큼 암기할 것이 매우 많은 과목이기도 하다. 왕들의 업적, 각 시대의 특징, 주요 사건의 명칭과 세부 내용 등 외워야 할 양이 방대하다.

많은 사람이 앞 글자를 따서 외우는 '두문자법'을 애용한다. 방대한 양을 압축시킬 수 있어 유용한 방법이지만 단순히 염불을 외듯이 반복하며 외워야 하고, 내용까지 암기할 수 없기 때문에 별도의 공부가 필요하다는 단점이 있다.

외울 양이 적다면 두문자법도 효율적인 암기 방법이 될 수 있다. 그러나 한국사는 외워야 할 것이 너무나도 많다. 기적의 암기법을 응용해서 이 많은 정보를 더욱 효과적으로 외울 수는 없을까? 이번 장에서는 기억의 궁전법, 다중 변환 기억법, 연결법 등 다양한 암기 방법을 총동원하여 왕의 업적과 주요 사건을 암기하는 연습을 해 본다.

또한 집과 같은 실제 장소를 활용하지 않고 암기해야 하는 주제에 따라 전용 장소를 구성해 본다. 지금부터 특정 정보를 자세히 떠올리고 싶을 때 장소에 빠르게 접속하는 방법을 익혀 보도록 하자.

공부하다 보면

나뭇가지가 뻗어 나가는 것처럼

세부적으로 암기해야 할 내용이 많다.

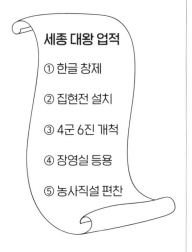

세종 대왕 업적

① 한글 창제

② 집현전 설치

③ 4군 6진 개척

④ 장영실 등용

⑤ 농사직설 편찬

그래서 기억을 잘 해야 한다.

세종 대왕의 업적은 뭘까?

이해도 중요하지만

암기도 중요하다.

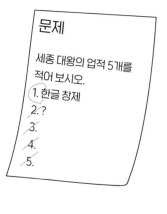

자, 이제 외워 볼까?

일단 재료 손질부터 하자.

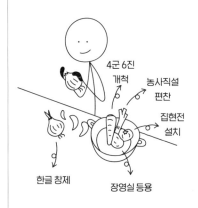

연결하기 쉽게 변환한다.

이 정도면 된 것 같다.

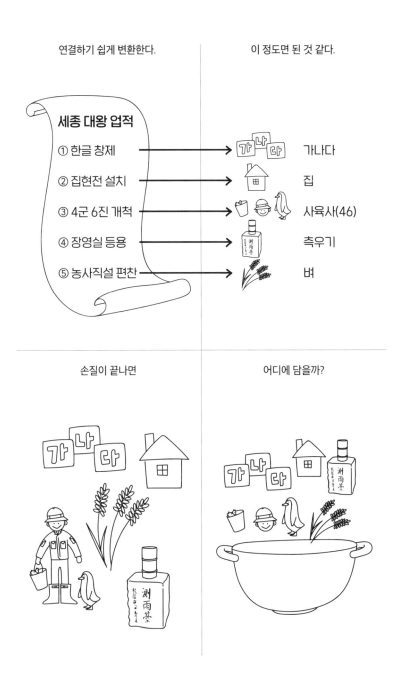

세종 대왕 업적

① 한글 창제 → 가나다

② 집현전 설치 → 집

③ 4군 6진 개척 → 사육사(46)

④ 장영실 등용 → 측우기

⑤ 농사직설 편찬 → 벼

손질이 끝나면

어디에 담을까?

바로 기억의 궁전이다.

5장에서 연습했던 집의 순서를
떠올려 보자.

① 신발장

이렇게 연결은 했는데

내가 연결한 장소가 어디였는지
기억이 안 난다면?

① 신발장 – 가나다

맞춤형 그릇을 준비하자.

밥은 밥그릇에

파스타는 파스타 접시에

국은 국그릇에

칵테일은 칵테일잔에

외워야 할 정보에 맞는 새로운 장소를
만드는 것이다.

세종 대왕의 어진을 장소로 이용해 보자.

외워야 할 수만큼 장소를 정하고

정보와 연결한다.

① 모자
② 콧수염
③ 용포
④ 가지런한 손
⑤ 바닥

신체를 기억의 궁전으로 이용한 것처럼

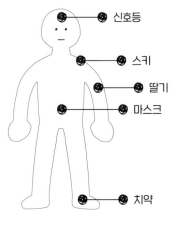

신호등

스키

딸기

마스크

치약

*4장 참고

5가지 장소에 변환한 이미지를 연결한다.

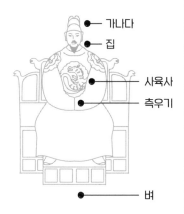

가나다

집

사육사

측우기

벼

① 모자 - 가나다

한글 창제

② 콧수염 - 집

집현전 설치

③ 용포 - 사육사

4군 6진 개척

④ 가지런한 손 - 측우기

장영실 등용

⑤ 바닥 - 벼

농사직설 편찬

떠올려 보자.

눈을 감고

Q. 세종 대왕의 업적 5가지는?

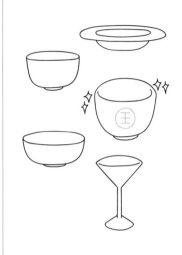

담았던 그릇(장소)을 떠올리면

업적이 머릿속에 떠오른다.

이번엔 좀 어려운 걸로 연습해 보자.

순서도 함께 외워야 한다.

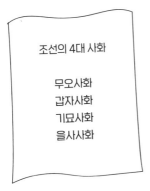

조선의 4대 사화

무오사화
갑자사화
기묘사화
을사사화

무갑기을…
무갑기을…

일단 맞춤형 그릇을 준비한다.

외워야 할 수만큼 장소를
순서대로 정한다.

사화 ⟶ 사와 ⟶ 마트

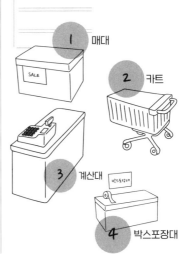

1 매대

2 카트

3 계산대

4 박스포장대

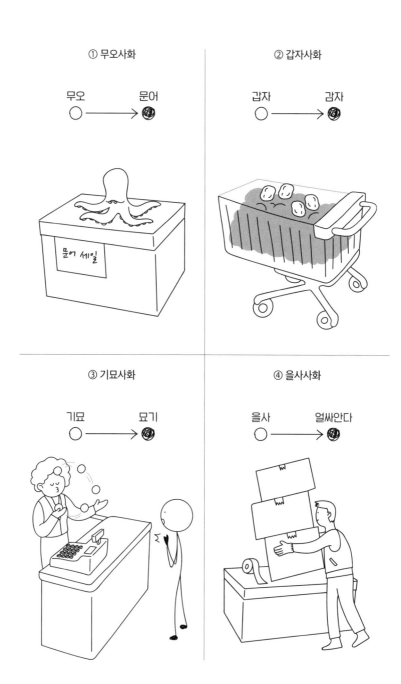

사화의 원인까지 외우려면
다중 변환을 하자.

무오사화
김종직의 조의제문(세조의 왕위 찬탈을
비난)이 발단

갑자사화
연산군이 폐비 윤씨 복위 문제로 성종 때
폐비를 찬성한 훈구파를 숙청함

기묘사화
조광조 등 진보적인 사림파가 숙청당한
사건, '주초위왕' 잎사귀 사건으로 알려짐

을사사화
외척 세도가 간의 권력 다툼

① 무오사화

② 갑자사화

③ 기묘사화

④ 을사사화

을사   외척 간 다툼

박스 포장대

다중 변환으로 외운 정보를 떠올리자.

문제

조선 시대 4대 사화와 그
내용까지 설명해 보시오.

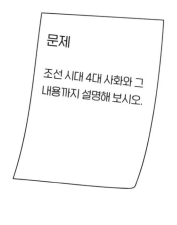

마트를 떠올리고

순서에 맞게 인출하면 끝이다.

사화가
일어난
원인까지!

장수왕의 업적

평양 천도
백제 한성 함락
흥안령 일대 장악
중원 고구려비
경당 설립

예제 2 조선 제3대 왕 태종의 업적을 외워 보세요.

조선 태종의 업적

사병 혁파
6조 직계제
호패법 실시
신문고 설치
의금부 설치

해답 1

① 고구려 장수왕의 업적	장소 만들기

① 고구려 장수왕의 업적

장수왕   장수
○ ──────→ ◉

장소 만들기

장수의 상징 거북이와 두루미

변환

평양 천도   평양 냉면
○ ──────→ ◉

연결

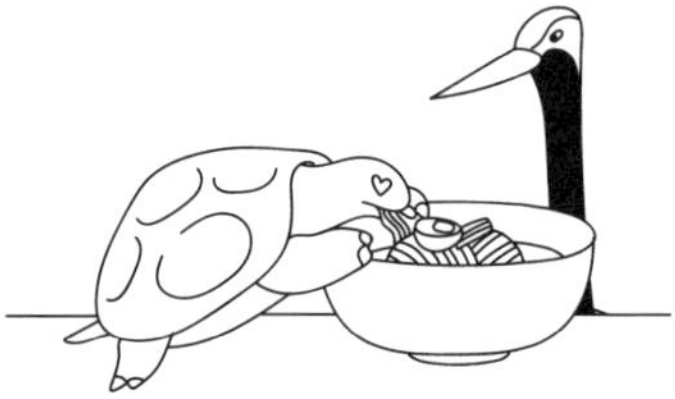

변환

백제 한성 함락 → 표백제로 성벽 무너짐

연결

변환

흥안령 일대 장악 → 흥! 안녕~

흥안령? → 흥안녕!

연결

흥! 안녕!

변환

중원 고구려비 → 비석
○ ━━→ 🌀

연결

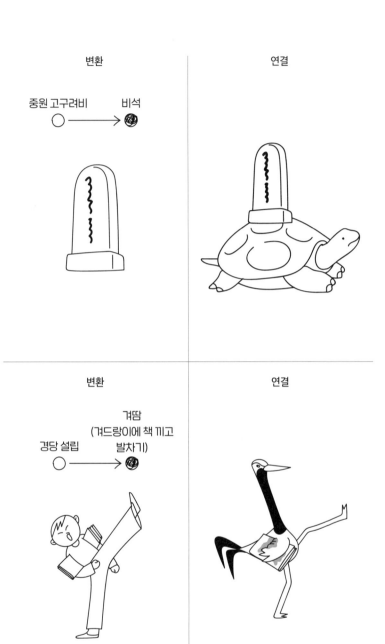

변환

경당 설립 → 겨땀
(겨드랑이에 책 끼고 발차기)
○ ━━→ 🌀

연결

*경당은 한학과 무술을 동시에 가르친 기관이다.

해답 2

② 조선 태종의 업적

태종   태종대

*태종대의 실제 기원은 신라 시대의 태종 무열왕
이다. 여기시는 발음 변환을 이용하기 위해 태종
대를 장소로 사용했다.

장소 만들기

변환

사병 혁파   칼 버리기

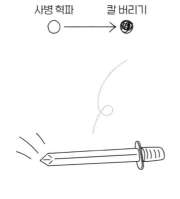

연결

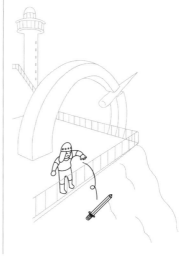

변환

6조 직계제 ○ ⟶ 욕조 ◉

연결

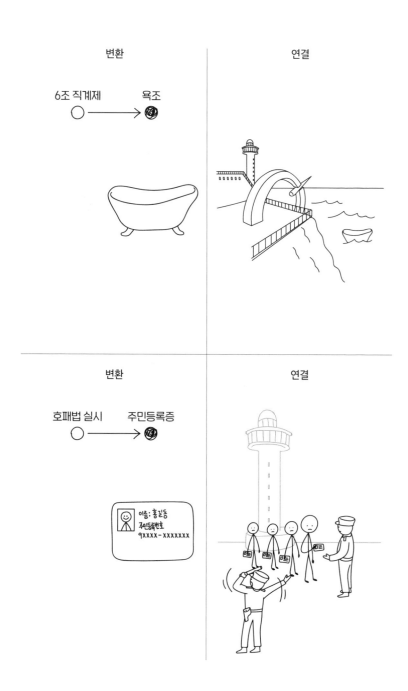

변환

호패법 실시 ○ ⟶ 주민등록증 ◉

연결

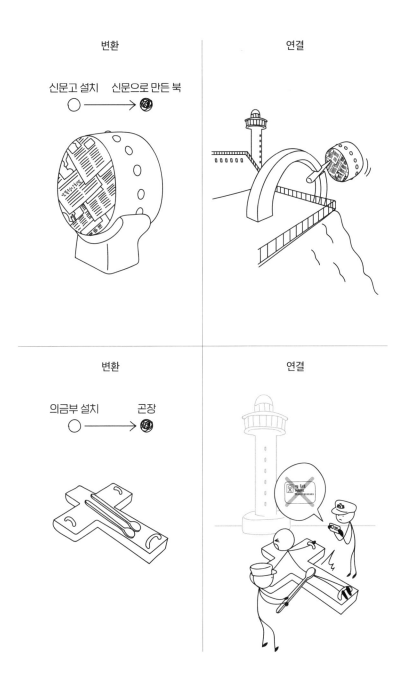

13장

이런 것도 가능하다 2
_공인 중개사 시험

어려운 공부일수록 효율이 중요하다

이 세상에는 다양한 시험이 있다. 이 책에서 모든 시험을 다룰 수는 없지만 암기가 필요한 과목이라면 기적의 암기법을 얼마든지 응용할 수 있다. 이번에는 공인 중개사 시험을 예시로 새로운 개념과 복잡한 수치, 예외 사항을 기억하는 방법을 살펴본다. 더불어 외울 내용을 선별하는 과정을 간단히 엿볼 수 있다.

시험공부는 무조건 외워야 하는 내용과 추론하면 충분히 떠올릴 수 있는 내용을 구분하는 것이 중요하다. 추론해서 떠올릴 수 있다면 굳이 달달달 외울 필요가 없기 때문이다. 먼저 외워야 할 개념을 자세히 살핀다. 기본적으로 외워야 할 내용을 선별하여 가장 핵심적인 부분을 기적의 암기법으로 처리한다. 이렇게 암기법을 활용하면 더 효율적으로 공부할 수 있다.

이처럼 시험공부를 할 때 중요한 것은 수동적으로 강의만 듣고 진도만 빼는 것이 아니다. 나에게 맞는 암기법을 적용하고 능동적으로 정보를 머릿속에 집어넣는 습관을 들인다면 훨씬 효과적으로 시험을 준비할 수 있을 것이다.

낯선 용어들은

깊이 살펴보는 게 좋다.

건폐율

용적률   대지안의 조경

이전적 승계

연면적   설정적 승계

검색 결과   ○○○

건폐율

대지 면적에 대한 건물의 바닥 면적의 비율

검색 결과   ○○○

용적률

전체 대지면적에서 건물 각층의 면적을 합한 연면적이 차지하는 비율

어려운 용어는 외우기 쉽지 않다.

변환과 연결로 친해지자.

이게 다 무슨 말인지….

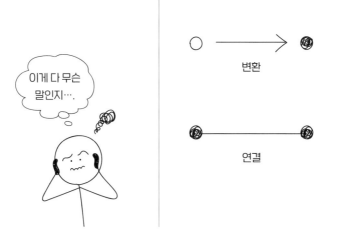

변환

연결

건폐율은 '폐건전지'로

건폐율 ◯ ⟶ 폐건전지 🔋

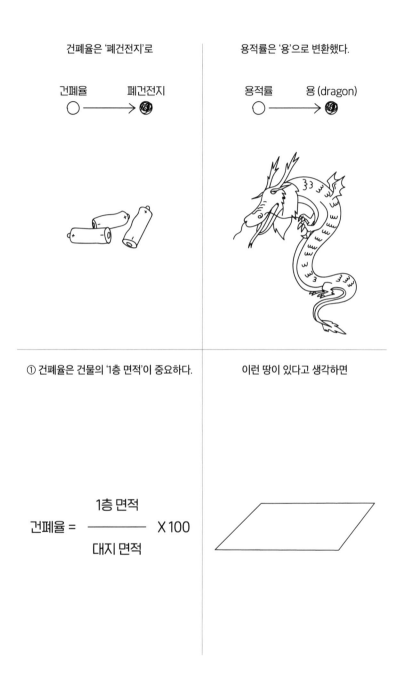

용적률은 '용'으로 변환했다.

용적률 ◯ ⟶ 용 (dragon) 🔋

① 건폐율은 건물의 '1층 면적'이 중요하다.

$$건폐율 = \frac{1층\ 면적}{대지\ 면적} \times 100$$

이런 땅이 있다고 생각하면

1층에 깔린 폐건전지의 면적을 떠올리자.

② 용적률은 '각 층 면적의 합'이 중요하다.

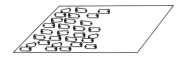

$$용적률 = \frac{지상층\ 연면적}{대지\ 면적} \times 100$$

용이 꼭대기 층까지
뚫고 올라가는 모습을 떠올리자.

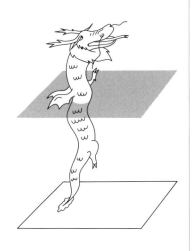

용어 안의 모르는 용어도
이런 식으로 공부한다.

연면적?

용어의 의미부터 깊이 살펴본다.

살펴본 개념을 이미지로 떠올려 보고

검색 결과 ○○○

연면적

건물 각 층의 바닥 면적을 합한 전체 면적.

*연면적의 '연'이 한자 延(이을 연)이라는 점을 알면 좋다.

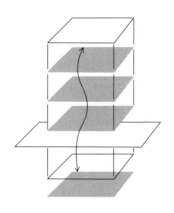

지하부터 모든 면적을 이어서

나에게 외우기 쉬운 방식으로 변환한다.

납득이 되면 이해가 쉽다.

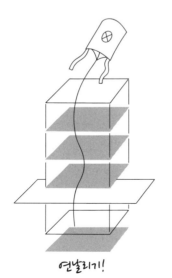

연날리기!

연면적은 연날리기니까 모든 층의 바닥 면적이었지!

예외는 어떻게 기억할까?	헷갈리는 개념에

용적률을 계산할 때 지하 면적은 포함하지 않는다.	

단서를 추가하면	기억하기 훨씬 쉽다.
	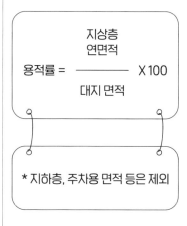

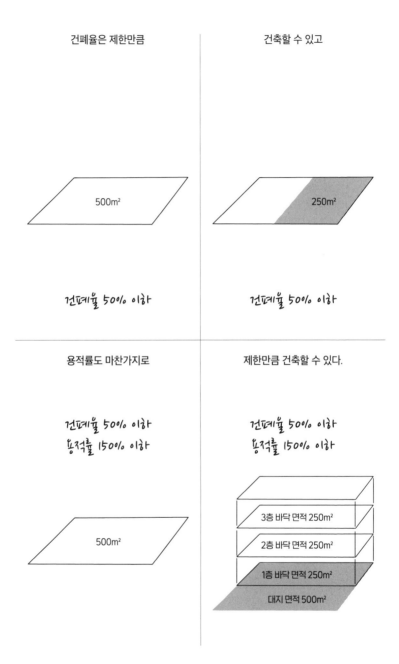

건폐율은 제한만큼

건축할 수 있고

500m²

250m²

건폐율 50% 이하

건폐율 50% 이하

용적률도 마찬가지로

제한만큼 건축할 수 있다.

건폐율 50% 이하
용적률 150% 이하

건폐율 50% 이하
용적률 150% 이하

500m²

3층 바닥 면적 250m²

2층 바닥 면적 250m²

1층 바닥 면적 250m²

대지 면적 500m²

다음 표를 외워야 한다면?

용도 지역 지구별 건폐율 제한

구분		건폐율
전용 주거 지역	제1종	50% 이하
	제2종	50% 이하
일반 주거 지역	제1종	60% 이하
	제2종	60% 이하
	제3종	50% 이하
준주거 지역		70% 이하

*국토의 계획 및 이용에 관한 법률 시행령 제84
조(용도지역안에서의 건폐율)

외우기 쉽지 않다.

단서를 만들자.

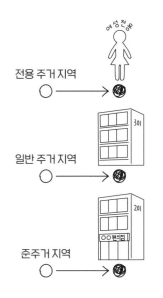

전용 주거 지역

일반 주거 지역

준주거 지역

① 전용 주거 지역

전용 주거 지역	제1종	50% 이하
	제2종	50% 이하

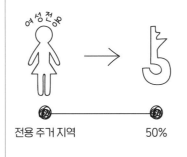

전용 주거 지역   50%

5이는 5 모양의 열쇠

전용 공간의 문을 열쇠(50%)로
연다고 상상해 보자.

② 일반 주거 지역

일반 주거 지역	제1종	60% 이하
	제2종	60% 이하
	제3종	50% 이하

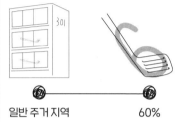

일반 주거 지역   60%

60%는 6 모양의 골프채

집마다 1층과 2층에는 골프채(60%)가

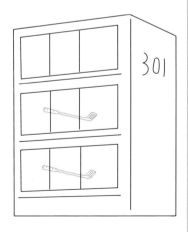

3층에는 열쇠(50%)가 있다고
상상해 보자.

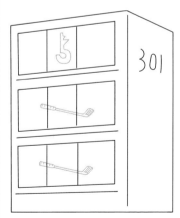

③ 준주거 지역

*준주거 지역은 주거 목적 이외에도 상업 목적이나 공공 용도의 건물을 지을 수 있다.

상가를 페인트칠(70%)하는
장면을 떠올린다.

외워야 할 용어와 개념을 정리하고

① 건폐율
② 용적률
③ 전용 주거 지역의 건폐율 제한
④ 일반 주거 지역의 건폐율 제한
⑤ 준주거 지역의 건폐율 제한

인출하는 연습을 해 보자.

$$건폐율 = \frac{\boxed{}}{대지\ 면적} \times 100$$

$$용적률 = \frac{\boxed{}}{대지\ 면적} \times 100$$

어려운 정보도 내 것으로 만들 수 있다.

구분		건폐율
전용 주거 지역	제1종	
	제2종	
일반 주거 지역	제1종	
	제2종	
	제3종	
준주거 지역		

다른 부분도 공부해 보자.

검색 결과 ○○○

대지의 조경

조경 의무가 있는 경우
• 면적 200제곱미터 이상인 대지

조경 의무가 없는 경우
• 연면적 1500제곱미터 미만 공장
• 면적 5000제곱미터 미만 대지의 공장
• 산업 단지의 공장
• 연면적 1500제곱미터 미만 물류 시설
  (*단, 주거 상업 지역은 조경 의무 있음)
• 녹지/관농자/축사/허가 대상/가설 건축물/염분
  함유 대지
  …

외워야 할 것이 많다면

외울 양을 줄여 보자.

검색 결과 ○○○

대지의 조경

조경 의무가 있는 경우
• 면적 200제곱미터 이상인 대지

큰 땅에 건축하면
조경이 필요하네….

우선 충분히 이해하고 습득한 뒤에

본격적으로 외워야 할 것을 추린다.

조경 의무가 없는 경우
• 연면적 1500제곱미터 미만 공장
• 면적 5000제곱미터 미만 대지의 공장
• 산업 단지의 공장
• 연면적 1500제곱미터 미만 물류 시설
  (*단, 주거 상업 지역은 조경 의무 있음)
• 녹지/관농지/축사/허가 대상/가설 건축물/염분
  함유 대지
  …

① 면적 200제곱미터 이상인 대지

조경 의무가 있는 경우는
무조건 외우자!

② 조경 의무가 없는 경우

③ 연면적 1500제곱미터 미만 물류 시설
  (*단, 주거 상업 지역은 조경 의무 있음)

공장 연면적 1500제곱미터 미만!
공장 면적 5000제곱미터 미만!

예외는 조심해야겠네.

[추린 내용 외우기 ①]

자주 나올 용어는 정형화한다.

① 면적 200제곱미터 이상인 대지

조경 → 공원

○ 조경　　　○ 200m² 이상 대지

외울 정보는 최대한 간결하게 만들어

연결한다.

공원 —— 백조

200m² 이상 대지 → 백조

[추린 내용 외우기 ②]

긴 내용은 간결하게 바꾸고

② 조경 의무가 없는 경우
- 연면적 1500제곱미터 미만
- 면적 5000제곱미터 미만

연면적 1500m² → 15

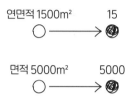

면적 5000m² → 5000

쉬운 이미지로 변환하자.

연면적 → 연날리기

15 → 인어

면적 → 땅

5000 → 5000원

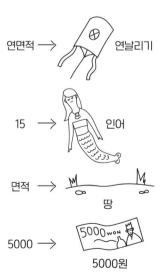

떠올린 이미지들을 연결한다.

공원 벤치*

연날리기 인어 땅 5000원

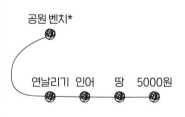

*'조경'을 기억하기 위해 함께 연결한다.

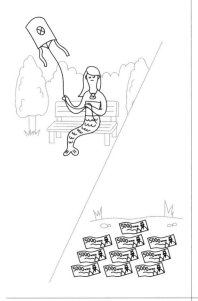

③ 연면적 1500제곱미터 미만 물류 시설
(*단, 주거 상업 지역은 조경 의무 있음)

'물류 시설'을 택배 박스로, 1500을 인어로

변환 후 연결한다.

택배 박스 　　　　 인어

예외를 기억할 때도

용어를 쉽게 변환하고

주거 상업 지역   주상 전하

⚪ ⟶ ⚜️

(*단, 주거 상업 지역은 조경 의무 있음)

연결한 장면을 떠올린다.

공원(조경 의무)에서 쉬는
주상 전하(주거 상업 지역)

공원   주상 전하

⚪────⚜️

예제	주거 지역의 분류에 따른 용적률 제한을 외워 봅시다.
	※ 최대 용적률을 중심으로 기억해 보세요.

대통령령에 규정된 용적률		
용도지역		용적률
주거 지역	제1종 전용 주거 지역	50% 이상 100% 이하
	제2종 전용 주거 지역	100% 이상 150% 이하
	제1종 일반 주거 지역	100% 이상 200% 이하
	제2종 일반 주거 지역	150% 이상 250% 이하
	제3종 일반 주거 지역	200% 이상 300% 이하
	준주거 지역	200% 이상 500% 이하

해답

용적률은	높이와 관련이 있으므로

건폐율 50% 이하
용적률 150% 이하

용적률 150%

500m²

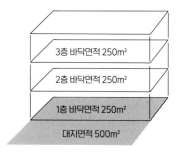

3층 바닥면적 250m²

2층 바닥면적 250m²

1층 바닥면적 250m²

대지면적 500m²

층당 250 m² 이면 3층까지 가능!

'높이 제한'으로 생각해 보자.	최대 용적률을 중심으로

키가 더 커지면 안 돼!

제1종 전용 주거 지역	50% 이상 100% 이하

변환하고	연결한다.

전용 주거 지역　　　십자가

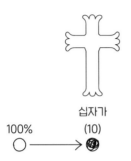

십자가
(10)

100% ○ ⟶

제1종 전용 주거 지역의
최대 용적률은 십자가(100%)!

50%씩 증가한다는 규칙을 찾으면	더 쉽게 연결할 수 있다.

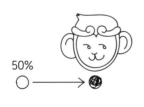

50% ○ ⟶

제2종 전용 주거 지역은
십자가(100%)에
손오공(50%) 더하기!

준주거 지역에도 응용해 보자.

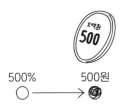

500% → 500원

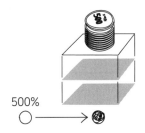

500% → 🌹

500% 이하니까 500원을 놔 볼까?

누구에게나
기적은 찾아온다

변환하고 연결해서 생각하는 습관 때문인지 나는 비유법을 좋아한다. 앞서 암기법을 자전거의 보조 바퀴로 비유한 부분이 있다. 이 페이지를 비유하자면, 지금까지 여러분이 이 책을 보조 바퀴 삼아 암기법이라는 새로운 동네를 둘러본 셈이다.

'기적'의 사전적 의미는 '상식으로는 생각할 수 없는 기이한 일'이다. 거창한 제목처럼 느껴지기도 하지만 곰곰이 생각해 보면 기적은 거창한 게 아니다. 아무리 애써도 외워지지 않았던 것을 암기법을 이용해 하나라도 떠올렸다면 그건 분명 스스로가 만든 기적일 것이다.

나에게도 기적 같은 순간들이 있었다. 처음으로 기억의 궁전을 만들었을 때, 카드 52장의 순서를 전부 외웠을 때, 휴대폰 100대의 잠금 패턴을 모두 풀었을 때, 1,000자리를 숫자를 기억했을 때, A4 용지 3장 분량의 글을 시험 전날에 통째로 외워 옮겨 적었을 때. 암기법을 몰랐다면 절대 해내지 못했던 일들을 계속해서 해낸 순간들이다.

이 책은 보조 바퀴일 뿐이다. 이제 여러분이 스스로 기적을 만들 차례다. 처음엔 넘어질 수도 있다. 속도가 느려서 뛰어가는 게 더 빠를 수도 있다. 하지만 조금씩 중심을 잡을 줄 알게 되면 누구보다 먼저 원하는 곳에 닿을 수 있다.

여기까지 온 여러분에게 축하와 존경의 인사를 전한다. 어떤 일이든 끝까지 해내기가 어렵다. 책 한 권을 완독하는 것이 얼마나 어려운지 누구보다 잘 알기에 저자로서 참으로 감사하다. 부디 이 책이 여러분의 기억의 궁전에 오래도록 남아 있길 바란다.

쉽게 외우고 오래 기억하는
기적의 암기법

© 정계원 2020

1판 1쇄 2020년 3월 24일
1판 7쇄 2023년 3월 17일

지은이 정계원
펴낸이 유경민 노종한
기획편집 유노북스 이현정 조혜진 **유노라이프** 구혜진 **유노책주** 김세민 이지윤
기획마케팅 1팀 우현권 이상운 **2팀** 정세림 유현재 정혜윤 김승혜
디자인 남다희 홍진기 허정수
기획관리 차은영
펴낸곳 유노콘텐츠그룹 주식회사
법인등록번호 110111-8138128
주소 서울시 마포구 월드컵로20길 5, 4층
전화 02-323-7763 **팩스** 02-323-7764 **이메일** info@uknowbooks.com

ISBN 979-11-89279-99-8 (03190)